Vegetarisch

TROTZ FAMILIE

Vegetarisch

TROTZ FAMILIE

STELL DIR VOR, ES GIBT VEGETARISCH UND KEINER MERKT'S!

Inhalt

EINLEITUNG   **6**

Veggie-Küche: am besten saisonal und regional   7
Mehr Geld, weniger Emissionen   7
Bunte Vielfalt – vegetarische Ernährungsweisen   8
Die Sache mit dem Lab ...   8
Veggie trotz Familie – jetzt geht's los   9

AUS VERSEHEN VEGETARISCH   **10**

FLEISCHKLASSIKER OHNE FLEISCH   **60**

KINDERHITS AUF VEGETARISCH   **104**

REZEPTVERZEICHNIS   **142**
ÜBER DIE AUTORIN   **144**
HINWEISE ZUM BUCH   **144**

Vegetarisch
TROTZ FAMILIE

Weniger Fleisch zu essen liegt im Trend. Gründe dafür gibt es viele. Ob zur Förderung der eigenen Gesundheit, für ein kleines Extra im Geldbeutel, als Beitrag zum Klimaschutz, zur Unterstützung des Tierwohls und zum Schutz der Umwelt – mit einigen Veggiedays pro Woche können wir an allen Schräubchen gleichzeitig drehen.

Weniger Fleisch, mehr Gemüse: Theoretisch sieht deine Familie das genauso wie du – in der Praxis allerdings hält sich die Begeisterung bei vegetarischen Gerichten dann aber in Grenzen. Kommt dir das bekannt vor? Wenn ja, bist du damit in guter Gesellschaft – und weil das so ist, gibt es nun dieses Buch. Mit den Rezepten dieses Buches wirst du und deine Familie eine ganz andere Art der vegetarischen Küche kennenlernen. Du findest hier keine bunte Gemüsepfanne – stattdessen deftige vegetarische Rezepte, bei denen niemand Fleisch vermisst.

Im ersten Kapitel findest du Rezepte, die ganz „aus Versehen" vegetarisch sind. Was damit gemeint ist? Die Rezepte haben das Potenzial zu absoluten Lieblingsessen und man stellt sich gar nicht die Frage, ob sie vegetarisch sind oder nicht. Gerade die italienische Küche ist von Natur aus reich an genussvollen pflanzlichen Rezepten. Aufgetischt werden hier leckere gratinierte Muschelnudeln, Arancini oder gefüllte Cannelloni– all das kann spielend leicht ohne Fleisch und Fisch zubereitet werden. Aber auch die Alpenküche hält einige Schmankerl wie Käsespätzle, Semmelknödel mit Rahmschwammerl oder Kärntner Kasnudeln bereit ebenso wie die orientalische Küche mit Falafel mit Sesamdip und Shakshuka.

Im zweiten Kapitel findest du Fleischklassiker ohne Fleisch. Viele finden das erst einmal komisch und gerade mein Mann und meine Tochter standen Fleischersatzprodukten kritisch gegenüber.

Bei Bohnen-Bratlingen, Tofu und Sojagranulat haben sie früher die Nase gerümpft. Mittlerweile haben wir für fast jeden fleischhaltigen Klassiker eine Veggie-Alternative. Und siehe da: die Hack-bällchen aus Soja sind zum Lieblingsgericht avanciert, das Sellerie-Schnitzel hat das Zeug zum Hüttenessen und auch das Pilz-Gyros aus Kräuter-seitlingen kommt bei uns nun regelmäßig auf den Tisch.

Im dritten Kapitel finden sich vegetarische Kinder-Lieblingsessen – entweder solche, die von Natur aus vegetarisch sind wie Kartoffelrösti mit Kräuterquark und Mac'n'Cheese oder vegetarisch abgewandelte Fleischklassiker wie Nuggets mit Pommes und „Würstchen" im Schlafrock – mein Kind liebt es und ich liebe es, wenn mein Kind es liebt.

VEGGIE-KÜCHE: AM BESTEN SAISONAL UND REGIONAL

Viele Zutaten, die du für die vegetarische Küche benötigst, finden sich garantiert schon in deiner Speisekammer. Sattmacher wie Kartoffeln, Nu-deln, Reis, Bohnen oder Linsen lassen sich mit knackigem Gemüse wie Paprikaschoten, Pilzen, Tomaten oder Auberginen einfach in köstliche vegetarische Gerichte verwandeln. Bei den Re-zepten in diesem Buch musst du keine Geschäfte abklappern, um die richtigen Zutaten zu finden. Du findest alles in jedem handelsüblichen Supermarkt und Discounter – und natürlich frisch auf dem Markt. Wenn du beim Einkauf dann zusätzlich noch auf Saisonalität und Regionalität achtest, ernährst du dich und deine Familie nicht nur gesund, sondern auch kostengünstig und umweltbewusst.

Mehr Geld, weniger Emissionen

Unser Sparschwein taucht bei Rezepten auf, die in der klassischen Version Fleisch oder Fisch enthalten. Hier wurde ausgerechnet, wie viel Geld bei der vegetarischen Variante gespart wird und um wie viel niedriger die CO_2-Emissionen ausfallen. Um einen abstrakten Wert, wie zum Beispiel „0,79 kg CO_2", in einen lebensnahen Bezug zu setzen, findest du ebenfalls noch die Anzahl der Kilometer, die ein durchschnittlicher PKW mit diesem CO_2-Verbrauch fahren könnte. Bitte beachte: Bei den Geld-Angaben haben wir den durchschnittlichen Preis von Bio-Lebensmitteln zugrunde gelegt. Die CO_2-Angaben sind ebenfalls Durchschnittswerte, die je nach Regionalität der Produkte schwanken können. Trotz möglicher Schwankungen bieten dir die Angaben eine Einschätzung darüber, wie viel Geld und wie viel CO_2 mit dem ein oder anderen Veggie-Tag pro Woche eingespart werden kann. Und ich kann dir sagen: Da kommt schon was zusammen!

BUNTE VIELFALT - VEGETARISCHE ERNÄHRUNGSWEISEN

Sich vegetarisch zu ernähren, bedeutet zuerst einmal, auf Fisch und Fleisch zu verzichten. Es gibt aber noch einige Sonderformen, die ich an dieser Stelle der Übersichtlichkeit halber erwähnen möchte.

Eier, Milch und Milchprodukte wie Käse und Quark sind bei den **Ovo-Lakto-Vegetariern** erlaubt. Diese Lebensmittel bilden auch die Grundlage für die Rezepte in diesem Buch.

Lakto-Vegetarier verzichten zusätzlich auf Eier, verzehren aber Milch und Milchprodukte. Und **Ovo-Vegetarier** nehmen weder Fleisch, Fisch, Milch noch Milchprodukte zu sich, Eier sind dagegen erlaubt. Daneben gibt es die sogenannten **Pescetarier**, die zwar Fleisch meiden, Fisch aber weiterhin essen. Und die **Flexitarier**, die nur in Ausnahmefällen Fleisch essen.

Bei einer **veganen Ernährung** dagegen wird auf alle tierischen Produkte, also Fleisch, Fisch, Milch, Milchprodukte, Eier und Honig verzichtet.

DIE SACHE MIT DEM LAB ...

Während du bei unverarbeiteten Lebensmitteln eindeutig erkennen kannst, ob sie vegetarisch sind, können verarbeitete Lebensmittel versteckte tierische Bestandteile enthalten. Für Flexitarier ist das kein Problem, das heißt: Wenn du mit deiner Familie einfach etwas häufiger vegetarisch essen möchtest, ansonsten aber auch Fleisch und Fisch auf die Teller kommen, könnt ihr weiterhin euren Lieblingskäse verwenden. Für alle jedoch, die komplett auf Fleisch verzichten möchten, ist Käse ein wichtiges Thema, denn manche Sorten enthalten tierisches Lab.

Welcher Käse ist vegetarisch?
Du hast richtig gelesen, nicht jeder Käse ist vegetarisch! Einige Käsesorten enthalten tierisches Lab – ein Enzym, das meist aus dem Magen geschlachteter Kälber stammt, aber auch aus dem von Ziegen und Schafen. Eigens für die Labgewinnung wird zwar kein Tier geschlachtet, vegetarisch wird es dadurch trotzdem nicht.

Käsesorten, die mit dem Gütesiegel DOP (italienisch für Denominazione d'Origine Protteta, übersetzt „Geschützte Ursprungsbezeichnung") geschützt sind, sind per se nicht vegetarisch. Diese Käsesorten müssen nach traditionellen Methoden mit tierischem Lab hergestellt werden. Dazu

zählen Hartkäsesorten wie z. B. Parmesan, Grana Padana, Pecorino, Manchego etc., aber auch Weichkäsesorten wie Gorgonzola oder Camembert. Einige Frischkäse- und Sauermilchkäsesorten wie Ricotta, Mozzarella, Hüttenkäse, Harzer oder Mainzer Käse benötigen kein Lab und werden stattdessen mithilfe von Säure angedickt. Quark kann ebenfalls frei von Lab sein, bei manchen Sorten wird aber eine kleine Menge Lab zugesetzt, damit die Milch besser gerinnt.

Labaustauschstoffe

Wenn du aus ethischen oder religiösen Gründen auf tierisches Lab verzichten möchtest, empfehle ich dir Käse, der mit mikrobiellem Lab hergestellt wurde. Darunter versteht man im Labor erzeugtes Lab auf der Basis von Schimmelpilzkulturen. Auch pflanzliches Lab ist eine Alternative. Da Lab allerdings nicht als Zutat angesehen wird, sondern als Produktionshilfsstoff, muss es nicht auf Verpackungen deklariert werden. Und selbst wenn „Lab" in der Zutatenliste steht, kann dieses sowohl tierisch als auch mikrobiell sein. Praktisch: Immer häufiger werden Käsesorten vom Hersteller als „Vegetarisch" markiert. Zusätzlich findest du im Internet beim jeweiligen Hersteller Angaben, welche Käsesorten mit tierischem und welche mit mikrobiellem Lab hergestellt werden.

VEGGIE TROTZ FAMILIE – JETZT GEHT'S LOS!

Zusammenfassend kann ich sagen: Immer mehr Menschen verzichten aus verschiedenen Gründen ganz auf Fleisch oder essen bewusst weniger.

Wie hat's geschmeckt?
☆ ☆ ☆ ☆

Um eure Lieblings-Familiengerichte zu dokumentieren, findest du bei jedem Rezept eine Bewertungsskala, auf der ihr ankreuzen könnt, wie es euch geschmeckt hat.

Vielen liegt der Tierschutz am Herzen. Auch der Umweltschutz hat mit vegetarischer Ernährung zu tun. Tierhaltung verbraucht mehr Energie-, Land- und Wasserressourcen und auch der Ausstoß an Treibhausgasen ist größer als bei Pflanzen. Aus kulinarischer Sicht gibt es keinerlei Einbußen, ganz im Gegenteil: Aus Gemüse, Getreide, Hülsenfrüchten, Nüssen und Kartoffeln lassen sich köstliche und herzhafte Gerichte zaubern, die auch deine Familie lieben wird. Mit ihrer Vielfältigkeit sorgen vegetarischen Rezepte für ordentlich Abwechslung auf dem Speiseplan.

Neugierig geworden? Dann leg los – aber ganz entspannt. Du und deine Familie müsst nicht zu Vollzeitvegetariern werden, aber es macht durchaus Sinn, mehrere Veggiedays in der Woche einzulegen. Taste dich mit meinen vegetarischen Rezepten langsam heran. Und du wirst sehen, sie sorgen für herzhaften Genuss ganz ohne Fleisch und Fisch.

Viel Spaß beim Kochen und Freude beim Essen!

Christina

AUS VERSEHEN
Vegetarisch

In diesem Kapitel findest du deftige Gerichte, die ganz ohne Absicht – quasi „aus Versehen" – vegetarisch sind. Ob nun Käsespätzle mit Röstzwiebeln, Shakshuka, Frittata oder meine gratinierten Muschelnudeln mit Spinat-Ricotta-Füllung: die Rezepte machen rundum satt und glücklich – und sind „einfach so" vegetarisch. Wahrscheinlich fällt deiner Familie gar nicht auf, dass bei einem Essen dieses Kapitels weder Fleisch noch Fisch auf dem Teller landet – immer gemäß dem Motto: *Stell dir vor, es gibt vegetarisch und keiner merkt's!*

SEMMELKNÖDEL
mit Rahmschwammerl

FERTIG IN: CA. 45 MINUTEN

Für 4 Portionen

Für die Knödel:

250 g geschnittenes
Knödelbrot (altbackenes
Weißbrot oder Brötchen)

250 ml heiße Milch

1 Zwiebel

1 El Butter

4 Stängel glatte Petersilie

Salz

2 Eier

Pfeffer

Für die Pilzrahmsauce:

600 g gemischte Pilze
(Pfifferlinge, Champi-
gnons, Steinpilze, ersatzweise nur Champignons)

1 Zwiebel

3 El Butter

2 El Mehl

450 ml Gemüsebrühe

400 ml Sahne

½ Bund Petersilie

Salz

Pfeffer

1. Für die Knödel das Knödelbrot in eine Schüssel geben und mit der Milch übergießen, dann abgedeckt bis zur weiteren Verwendung ruhen lassen. Die Zwiebel schälen und fein hacken.

1. In einer Pfanne die Butter erhitzen und die Zwiebel darin glasig anschwitzen. Die Petersilie waschen, trocken schütteln und die Blättchen fein hacken. Die Petersilie unter die Zwiebel rühren und die Pfanne vom Herd ziehen. Einen großen Topf Salzwasser erhitzen.

3. Das Knödelbrot mit Zwiebel, Eiern, Salz und Pfeffer verrühren. Aus dem Teig mit nassen Händen 8 kleine Knödel formen und in das siedende Wasser legen. Die Knödel ca. 15 Minuten ziehen lassen, nicht kochen.

4. Für die Sauce die Pilze abreiben, putzen, halbieren, gegebenenfalls vierteln. Die Zwiebel schälen und fein hacken. In einer Pfanne die Butter erhitzen, Zwiebel und Pilze 3–4 Minuten bei mittlerer Hitze andünsten. Mit Mehl bestäuben und weitere 2 Minuten braten. Mit Gemüsebrühe und Sahne ablöschen und 15 Minuten bei kleiner Hitze köcheln lassen. Die Petersilie waschen, trocken schütteln und die Blättchen fein hacken. Unter die Sauce rühren und alles mit Salz und Pfeffer würzen. Je zwei Knödel mit der Pilzrahmsauce servieren.

» Zünftig bayrisch und trotzdem vegetarisch. Ein deftiger Wirtshaus-Klassiker aus herzhaften Semmelknödeln und cremigen Schwammerln, so bezeichnen wir in Bayern die Pilze. Einfach gschmackig! «

Ein vegetarischer Hochgenuss, deshalb dürfen Kasspatzen natürlich nicht fehlen! Ganz wichtig ist eine ordentliche Portion Röstzwiebeln, die geben den Käse-spätzle erst das würzige Aroma.

KÄSESPÄTZLE
mit Röstzwiebeln und Blattsalat

FERTIG IN: CA. 45 MINUTEN

Für 4 Portionen

Für die Käsespätzle:

500 g griffiges Mehl (ersatzweise Weizenmehl Type 405)
Salz
5 Eier (Gr. M)
125 ml Mineralwasser
2 große Zwiebeln
2 El Butterschmalz
1 Tl Paprikapulver edelsüß
1 Bund Schnittlauch
300 g geriebener würziger Käse wie z. B. Gouda oder Emmentaler
Pfeffer

Für den Salat:

1 Kopfsalat (oder anderer Blattsalat)
1 Schalotte
1 ½ El Apfelessig
1 Tl scharfer Senf
3 El Olivenöl
Salz
Pfeffer

Außerdem:
ofenfeste Form

1. Für den Spätzleteig das Mehl mit 2 Teelöffeln Salz, Eiern und Mineralwasser in einer Schüssel zu einem glatten, zähflüssigen Teig verrühren. Den Teig mit einem Kochlöffel so lange schlagen, bis er Blasen bildet, dann 5 Minuten ruhen lassen.

2. Den Backofen auf 180 °C (Umluft) vorheizen und eine ofenfeste Form hineinstellen.

3. Die Zwiebeln schälen und in feine Ringe schneiden. Das Butterschmalz in einer beschichteten Pfanne erhitzen und die Zwiebelringe mit Paprikapulver darin bei mittlerer Hitze goldbraun braten. Auf Küchenpapier abtropfen lassen. Den Schnittlauch waschen, trocken schütteln und in Röllchen schneiden.

4. In einem großen Topf reichlich Salzwasser zum Kochen bringen. Den Teig mit der Spätzlepresse in das kochende Wasser drücken. Sobald die Spätzle an der Oberfläche schwimmen, mit einem Schaumlöffel abschöpfen. In die vorgewärmte Form füllen, nach jeder Portion etwas Käse darüberstreuen. Diesen Vorgang wiederholen, bis der Spätzleteig aufgebraucht ist. Die Spätzle mit zwei Gabeln kurz vermischen, sodass der Käse Fäden zieht.

5. Für den Salat den Kopfsalat putzen und gründlich waschen, anschließend trocken schleudern. Die Salatblätter in mundgerechte Stück zupfen und in eine Schüssel geben. Die Schalotte schälen und fein hacken. Mit Essig, Senf, Öl, Salz und Pfeffer verquirlen. Die Vinaigrette zum Salat geben und gründlich mischen.

6. Zum Servieren die Käsespätzle mit Pfeffer würzen, die Zwiebelringe darübergeben und mit Schnittlauch bestreuen. Den Salat dazu servieren.

GRATINIERTE MUSCHELNUDELN
mit Ricotta und Spinat

FERTIG IN: CA. 55 MINUTEN

Für 4 Portionen
500 g TK-Blattspinat
Salz
200 g große Muschel-
nudeln (Conchiglioni)
1 Zwiebel
1 Knoblauchzehe
1 El Olivenöl
800 g passierte Tomaten
Pfeffer
1 Tl getrockneter
Oregano
500 g Ricotta
100 g geriebener
italienischer Hartkäse
(für Vegetarier geeignet,
z. B. Montello)

Außerdem:
Auflaufform

1. Den Blattspinat auftauen lassen. Reichlich Salzwasser zum Kochen bringen und die Nudeln nach Packungsanleitung bissfest kochen. Abgießen, kalt abspülen und abtropfen lassen.

1. Die Zwiebel und die Knoblauchzehe schälen und fein hacken. Das Öl in einem Topf erhitzen, Zwiebel und Knoblauch anschwitzen und passierte Tomaten zufügen. Mit Salz, Pfeffer und Oregano würzen und bei mittlerer Hitze köcheln lassen.

3. Den Backofen auf 200 °C (Ober-/Unterhitze) vorheizen. Den aufgetauten Spinat mit den Händen gut ausdrücken und grob hacken. Mit dem Ricotta vermischen und mit Salz und Pfeffer würzen. Die Füllung in die Muschelnudeln verteilen.

4. Die Tomatensauce in die Form geben und die Muschelnudeln hineinsetzen. Mit dem Käse bestreuen und im Backofen auf der mittleren Schiene ca. 20 Minuten überbacken.

> Die großen Muschelnudeln lassen sich ganz einfach mit Ricotta und Spinat füllen. Nur noch geriebenen Käse darüber, gratinieren und schon ist das Italien-Feeling perfekt!

Blitzschnelle
BLÄTTERTEIG-PIZZA

FERTIG IN: CA. 35 MINUTEN

Für 4 Portionen

2 El Tomatenmark

1 El Pesto rosso (FP)

½ Tl getrocknete italienische Kräuter

100 g schwarze Oliven ohne Stein

250 g bunte Cocktail-tomaten

2 El kleine Kapern aus dem Glas

1 Knoblauchzehe

1 Esslöffel Olivenöl

1 Pk. Blätterteig aus dem Kühlregal (275 g)

Salz

Pfeffer

250 g Ricotta

1 Handvoll Rucola

1. Den Backofen auf 200 °C (Umluft) vorheizen. Ein Backblech mit Backpapier belegen. Das Tomatenmark mit 2 Esslöffeln Was-ser, dem Pesto rosso und den italienischen Kräutern verrühren.

2. Die Oliven in Ringe schneiden. Die Cocktailtomaten waschen, trocknen, putzen und vierteln. Die Kapern in ein Sieb geben und abtropfen lassen.

3. Die Knoblauchzehe schälen und in ein Schälchen zum Oliven-öl pressen. Den Blätterteig entrollen und auf das Backblech legen. Mit der Tomatenmark-Pesto-Mischung bestreichen. Oliven, Cocktailtomaten und Kapern darauf verteilen. Alles salzen und pfeffern, dann mit dem Knoblauchöl beträufeln. Den Ricotta darauf verteilen und die Pizza auf der unteren Schiene ca. 20 Minuten backen.

4. In der Zwischenzeit den Rucola waschen, trocken schleudern und putzen. Die Pizza in Stücke schneiden und mit Rucola be-streut servieren.

Mit knusprigem Blätterteig schmeckt die Pizza nicht nur klasse, sie ist auch ruckzuck fertig. Und der aromatische Belag schmeckt nach Sommer, Sonne und guter Laune.

DIE vegetarische Alternative für uns! Mit aromatischem Hokkaidokürbis, der nicht geschält werden muss, und würzigem Cheddar. Für mehr Biss bestreuen wir die Lasagne auch mal mit gerösteten Kürbiskernen.

KÜRBIS-LASAGNE
mit Cheddar

FERTIG IN: CA. 1 STUNDE 15 MINUTEN (DAVON CA. 45 MINUTEN BACKZEIT)

Für 4 Portionen

600 g Hokkaidokürbis
100 g Cheddar
80 g Butter
60 g Mehl
850 ml Milch
1 Tl getrockneter Thymian
Cayennepfeffer
frisch geriebene Muskatnuss
Salz
Pfeffer
250 g Lasagneblätter (ca. 12 Blätter)

Außerdem:
Auflaufform
Butter für die Form

1. Den Kürbis waschen und putzen. Das Fruchtfleisch in dünne Spalten hobeln oder schneiden. Den Käse reiben.

2. Die Butter in einem Topf schmelzen, das Mehl darüberstäuben und hellgelb anschwitzen. Die Milch unter Rühren dazugießen, aufkochen und die Sauce bei schwacher Hitze ca. 10 Minuten köcheln lassen. Die Sauce mit Thymian, Cayennepfeffer, Muskatnuss, Salz und Pfeffer abschmecken.

3. Den Backofen auf 180 °C (Umluft) vorheizen. Eine rechteckige Auflaufform mit Butter ausfetten. Eine Schicht Nudelblätter in die Form legen. Ein Drittel der Kürbisspalten darauf verteilen, salzen und pfeffern. Einen Teil der Béchamelsauce darübergießen. So weiterverfahren und mit einer Lage Lasagneblätter und Béchamelsauce abschließen.

4. Den Cheddar auf der Lasagne verteilen. Die Lasagne mit Alufolie abdecken und im Backofen auf der mittleren Schiene 45 Minuten backen. Nach 30 Minuten die Folie abnehmen und in den letzten 15 Minuten goldbraun backen.

Im Vergleich zu einer Version mit 500 g gemischtem Hackfleisch kommen ca. **5 €** ins Sparschwein. Außerdem spart ihr ca. **3,4 kg** Emissionen. Das entspricht einer Autofahrt von ca. **24 km**.

FALAFEL
mit Joghurt-Gurken-Dip

FERTIG IN: CA. 40 MINUTEN (DAVOR CA. 12 STUNDEN EINWEICHZEIT)

**Für 4 Portionen
(ca. 20 Bällchen)**
250 g getrocknete
Kichererbsen
1 Zwiebel
2 Knoblauchzehen
1 Bund Petersilie
je 1 Tl gemahlener Kreuz-
kümmel, gemahlener
Koriander, geräuchertes
Paprikapulver und Natron
(alternativ Backpulver)
2 Tl Salz

Für den Dip:
1 Gurke
1 Knoblauchzehe
200 g Joghurt (1,5 %)
250 g Magerquark
½ Tl gemahlener
Kreuzkümmel
Zitronenabrieb von
¼ Bio-Zitrone
Salz
Pfeffer

Außerdem:
Pflanzenöl zum Frittieren
Fladenbrot zum Servieren

1. Die Kichererbsen in kaltem Wasser 12 Stunden einweichen. Abgießen und abtropfen lassen.

2. Für den Dip die Gurke waschen, halbieren und mit einem Löffel die Kerne herauslösen. Dann die Gurke grob raspeln. Die Knoblauchzehe schälen und fein hacken. Gurke, Knoblauch, Joghurt und Quark vermischen. Mit Kreuzkümmel, Zitronenabrieb, Salz und Pfeffer würzen.

3. Für die Falafel Zwiebel und Knoblauchzehen schälen und grob hacken. Die Petersilie waschen, trocken schütteln und die Blättchen grob hacken. Kichererbsen, Zwiebel, Knoblauch, Petersilie, Gewürze, Natron und Salz in eine Küchenmaschine geben und alles so fein wie möglich zerkleinern. Mit befeuchteten Händen die Masse zu Bällchen drücken.

4. Ausreichend Öl in einem weiten Topf heiß werden lassen. Zur Probe einen hölzernen Kochlöffel hineinhalten. Wenn sich rundherum Bläschen bilden, ist das Fett heiß genug.

5. Die Falafel darin portionsweise 4–5 Minuten frittieren. Mit einem Schaumlöffel herausholen und auf Küchenpapier abtropfen lassen. Die Falafel mit dem Dip und Fladenbrot servieren.

>> Das Streetfood der arabischen Küche! Die frittierten Kichererbsenbällchen sind bei uns der Renner – außen schön knusprig und innen wunderbar weich. <<

Dazu passt auch die Guacamole von Seite 115 oder der Hummus von Seite 141.

ZWIEBELKUCHEN

FERTIG IN: CA. 1 STUNDE 30 MINUTEN (DAVON CA. 45 MINUTEN BACKZEIT)

**Für 12 Stücke
(Springform 24 cm Ø)**

Für den Mürbeteig:
250 g Mehl
1 Tl Salz
125 g kalte Butter
1 Ei (Gr. M)

Für die Füllung:
600 g Zwiebeln
1 El Butterschmalz
Salz
Pfeffer
100 ml Sahne
3 Eier (Gr. M)
100 ml Milch (3,5 %)
2 Tl getrockneter
Thymian

Außerdem:
Butter für die Form
Mehl für die Arbeitsfläche
Hülsenfrüchte
zum Vorbacken

1. Für den Mürbeteig Mehl und Salz mischen. Butter grob in Stücke teilen und mit dem Ei zum Mehl geben. Alles zu einem glatten Teig verarbeiten, bei Bedarf 2–3 Esslöffel kaltes Wasser zugeben. Den Teig zu einer Kugel formen und ca. 30 Minuten kühl stellen.

1. Inzwischen die Zwiebeln schälen und in feine Ringe schneiden. Das Butterschmalz in einer Pfanne erhitzen und die Zwiebeln glasig anschwitzen. Mit Salz und Pfeffer würzen. Abkühlen lassen.

3. Den Backofen auf 180 °C (Ober-/Unterhitze) vorheizen. Die Form fetten. Den Teig auf einer bemehlten Arbeitsfläche ausrollen und in die Form legen. Dabei 3–4 cm Rand formen. Den Boden mehrmals mit einer Gabel einstechen, mit Backpapier belegen und mit Hülsenfrüchten beschweren. Im Backofen ca. 15 Minuten blindbacken. Anschließend aus dem Ofen nehmen, Hülsenfrüchte und Backpapier entfernen.

4. Sahne, Eier und Milch verquirlen und mit Thymian, Salz und Pfeffer würzen. Die Zwiebeln auf dem Mürbeteig verteilen, die Sahnemischung darübergießen. Im Backofen auf der mittleren Schiene 35–40 Minuten backen.

>> Dem Geruch von gebratenen Zwiebeln kann bei uns keiner widerstehen. Klar, dass uns die herzhafte Tarte mit vielen Zwiebeln wunderbar schmeckt. «

SELBST GEMACHTE GNOCCHI
mit Käsesauce

FERTIG IN: CA. 1 STUNDE

Für 4 Portionen

Für die Gnocchi:
800 g mehligkochende
Kartoffeln
Salz
frisch geriebene
Muskatnuss
ca. 200 g Dinkelmehl
(Type 630)

Für die Sauce:
300 g Kräuterfrischkäse
150 ml Milch
Salz
Pfeffer

Außerdem:
Mehl für die Arbeitsfläche

1. Für die Gnocchi die Kartoffeln waschen, in einen Topf geben und mit gesalzenem Wasser bedecken. Zugedeckt bei mittlerer Hitze 25–30 Minuten gar kochen.

1. Die Kartoffeln abgießen, ausdampfen lassen und noch heiß pellen. Durch eine Kartoffelpresse auf eine dünn mit Mehl bestreute Arbeitsfläche drücken. Die Masse leicht salzen, mit Muskatnuss würzen und nach und nach so viel Mehl unterkneten, bis ein glatter, homogener Teig entsteht. Nicht zu viel Mehl unterkneten, sonst wird der Teig zäh.

3. Reichlich Salzwasser in einem Topf aufkochen. Den Teig vierteln und mit bemehlten Händen vorsichtig zu vier Rollen formen. Diese in 2 cm breite Stücke schneiden. Nach Belieben für die typische Gnocchi-Form die Teigstücke mit einem Gabelrücken leicht eindrücken. Dann auf ein bemehltes Brett geben.

4. Inzwischen für die Käsesauce den Frischkäse mit der Milch in einem Topf verrühren und bei kleiner Hitze aufkochen. Mit Salz und Pfeffer abschmecken.

5. Die Gnocchi portionsweise im siedenden Salzwasser garen, bis sie an die Oberfläche steigen. Mit einer Schaumkelle herausholen und abtropfen lassen. Zum Servieren mit der Käsesauce vermischen.

>> Absolut fluffige Gnocchi mit cremiger Frischkäsesauce – ein Traum. Und wenn du noch nie Gnocchi selbst gemacht hast: Das ist gar nicht schwer und zudem schmecken sie viel besser als die gekauften. <<

SCHUPFNUDELN
mit Sauerkraut

FERTIG IN: CA. 1 STUNDE 30 MINUTEN (DAVON CA. 30 MINUTEN KOCHZEIT)

Für 4 Portionen
800 g mehligkochende
Kartoffeln
Salz
2 Eier (Gr. M)
Pfeffer
frisch geriebene
Muskatnuss
125 g Dinkelmehl
(Type 630)
50–80 g Butterschmalz

Für das Sauerkraut:
600 g Sauerkraut
1 El Butterschmalz
Salz
1 Prise Zucker
4 Wacholderbeeren
1 Lorbeerblatt
250 ml Gemüsebrühe

Außerdem:
Mehl für die Arbeitsfläche

1. Die Kartoffeln waschen, in einen Topf geben und mit Wasser bedecken. Salzen und zugedeckt bei mittlerer Hitze 25–30 Minuten gar kochen. Anschließend abgießen, ausdampfen lassen, noch heiß pellen und dann abkühlen lassen.

2. Für das Sauerkraut das Kraut in ein Sieb geben und abtropfen lassen. In einem Topf das Butterschmalz erhitzen und das Sauerkraut zugeben. Salz, Zucker und Gewürze zugeben und mit Gemüsebrühe aufgießen. Zugedeckt bei mittlerer Hitze ca. 45 Minuten weich dünsten. Gelegentlich umrühren.

3. Inzwischen die Kartoffeln reiben oder durch die Kartoffelpresse in eine Schüssel drücken. Die Eier, 1 Teelöffel Salz, Pfeffer und Muskatnuss zugeben. Alles rasch verkneten. Das Mehl zugeben und rasch zu einem glatten Teig verarbeiten. Nicht zu lange kneten, sonst wird der Teig klebrig.

4. Den Teig auf einer bemehlten Arbeitsfläche zu einer großen, ca. 5 cm dicken Rolle formen und diese in 1 cm dünne Scheiben schneiden. Mit bemehlten Händen zu kleinen, fingerlangen Würstchen drehen, die am Ende spitz zulaufen.

5. Reichlich Salzwasser zum Kochen bringen. Die Schupfnudeln bei kleiner Hitze 2 Minuten ziehen lassen, bis sie wieder an die Oberfläche steigen. Herausnehmen, in kaltes Wasser tauchen und anschließend abtropfen lassen.

6. In einer Pfanne das Butterschmalz erhitzen und die Schupfnudeln portionsweise rundherum goldbraun anbraten. Die Schupfnudeln mit dem Sauerkraut servieren.

Selbst gemacht schmeckt uns am besten! Und während das Sauerkraut vor sich hin köchelt, haben wir ganz einfach und schnell die Kartoffelnudeln gezaubert.

Würziger
BOHNEN-KARTOFFEL-EINTOPF

FERTIG IN: CA. 40 MINUTEN (DAVON CA. 20 MINUTEN KOCHZEIT)

Für 4 Portionen

1 Zwiebel
1 Knoblauchzehe
300 g vorwiegend fest-
kochende Kartoffeln
300 g Möhren
2 Tomaten
1 gelbe Paprikaschote
1 kleine rote Chilischote
2 Dosen Kidneybohnen
(Abtropfgewicht 240 g)
3 El Rapsöl
2 El Tomatenmark
1 Tl geräuchertes
Paprikapulver
Salz
Pfeffer
1 Bund Petersilie

1. Die Zwiebel und Knoblauchzehe schälen und fein würfeln. Die Kartoffeln und Möhren putzen und schälen, die Tomaten putzen und waschen, dann alles klein würfeln. Die Paprikaschote und Chilischote putzen und waschen, die Paprika würfeln und die Chili in dünne Streifen schneiden. Die Bohnen abgießen, abspülen und abtropfen lassen.

2. Das Öl in einem großen Topf erhitzen und Zwiebel und Knoblauch darin glasig anschwitzen. Kartoffeln und Möhren zugeben und 3–4 Minuten anbraten. Paprika, Chili, Tomatenmark und Paprikapulver zufügen und weitere 5–6 Minuten braten.

3. Die Tomaten und 150 ml Wasser dazugeben und weitere 15–20 Minuten garen. Kurz vor Ende der Garzeit die Bohnen zugeben. Mit Salz und Pfeffer abschmecken.

4. Petersilie waschen, trocken schütteln und fein hacken. Den Eintopf mit Petersilie bestreut servieren.

Wer es noch gehaltvoller möchte, serviert in Würfel geschnittenen und knusprig angebratenen Räuchertofu als Einlage dazu.

CANNELLONI
mit Mozzarella und Tomaten

FERTIG IN: CA. 1 STUNDE 15 MINUTEN (DAVON CA. 35 MINUTEN BACKZEIT)

Für 4 Portionen
1 Zwiebel
1 Knoblauchzehe
1 El Olivenöl
2 Dosen geschälte
Tomaten (Abtropfgewicht
je 240 g)
1 Tl getrockneter Oregano
Salz
Pfeffer
1 Bund Basilikum
750 g Ricotta
200 g Cannelloni
(ohne Vorkochen)
2 Kugeln Mozzarella
(Abtropfgewicht je 100 g)

Außerdem:
Auflaufform
Butter oder Öl
für die Form

1. Die Zwiebel und den Knoblauch schälen und fein hacken. Das Olivenöl in einem Topf erhitzen und beides darin anschwitzen. Die Tomaten zugeben. Mit Oregano, Salz und Pfeffer würzen. Bei kleiner Hitze 10 Minuten köcheln lassen.

2. Inzwischen das Basilikum waschen, trocken schütteln und die Blättchen fein hacken. In einer Schüssel unter den Ricotta mischen, salzen und pfeffern.

3. Den Backofen auf 180 °C (Umluft) vorheizen. Die Auflaufform ausfetten. Die Ricottamischung in einen Spritzbeutel mit breiter Lochtülle füllen und in die Cannelloni spritzen. Die Tomatensauce in die Form füllen und die Cannelloni darauflegen. Den Mozzarella in Scheiben schneiden und die Cannelloni damit belegen.

4. Im Backofen 30–35 Minuten backen. Gegebenenfalls zum Ende der Backzeit abdecken.

Pasta aus der Auflaufform —
da können wir nicht widerstehen.
Besonders mit der unschlagbaren Füllung
aus Ricotta und Basilikum und überbacken
mit reichlich Mozzarella.

GEFÜLLTE KARTOFFELKNÖDEL
mit Walnussschmelze auf Rahmmangold

FERTIG IN: CA. 55 MINUTEN

Für 4 Portionen
700 g vorwiegend
festkochende Kartoffeln
Salz
2 Eigelb
60 g Speisestärke
3 El fein gehackte
Petersilie
80 g Cheddar
2 Schalotten
400 g Mangold
4 getrocknete Feigen
1 El Senfkörner
3 El Butter
200 ml Sahne
30 g Walnusskerne
2 El Semmelbrösel
Muskatnuss
Pfeffer

> Knödel gehen bei uns immer – und mit der Nussbutter und dem cremigen Gemüse ist dieses Rezept eines unserer Lieblingsessen im Herbst und Winter.

1. Die Kartoffeln waschen, ca. 25 Minuten in Salzwasser gar kochen, dann abgießen und ausdämpfen lassen. Noch heiß pellen, durch die Kartoffelpresse in eine Schüssel drücken und lauwarm abkühlen lassen.

2. Eigelbe, Speisestärke, Petersilie, etwas Salz und Muskatnuss hinzugeben und alles zu einem glatten Teig vermengen. Den Cheddar in 8 Stücke teilen. Aus dem Teig je 8 gleich große Knödel formen, in die Mitte jeweils 1 Stück Cheddar einarbeiten. Falls der Teig zu klebrig ist, die Hände mit Speisestärke bepudern.

3. Die Schalotten schälen, halbieren und fein würfeln. Den Mangold putzen und die grünen Blätter vom Stiel schneiden. Die Stiele und die Blätter in feine Streifen schneiden. Die Feigen fein würfeln.

4. Die Senfkörner in einen Topf geben und anrösten, bis sie anfangen zu tanzen. 1 Esslöffel Butter zugeben und die Schalottenwürfel mit den Mangoldstielen darin andünsten. Die Mangoldblätter zugeben und ebenfalls kurz andünsten. Zuletzt die Feigenwürfel in den Topf geben und alles mit der Sahne ablöschen. Etwa 6 Minuten köcheln lassen, dabei gelegentlich umrühren.

5. Die Walnüsse fein hacken. Die restliche Butter in einem Topf zerlassen und die gehackten Walnüsse und die Semmelbrösel darin etwas anrösten.

6. Die Knödel in einem großen Topf mit siedendem Salzwasser ca. 15 Minuten gar ziehen lassen. Den Rahmmangold auf Tellern anrichten. Die Knödel mit der Schaumkelle aus dem Wasser heben, abtropfen lassen und auf den Mangold setzen. Mit der Walnussschmelze überziehen.

SÜßKARTOFFEL-LINSEN-DAL
mit Raita und Naan-Brot

FERTIG IN: CA. 1 STUNDE 30 MINUTEN

Für 4 Portionen

Für das Naan-Brot:
150 ml lauwarme Milch
15 g frische Hefe
1 Tl Reissirup (ersatz-
weise Rohrzucker)
500 g Dinkelmehl
(Type 630)
1 Tl Salz, 1 Tl Backpulver
2 El Olivenöl
170 g Joghurt (3,5 %)

Für das Dal:
1 Zwiebel
1 Knoblauchzehe
1 Stück Ingwer (2 cm)
1 mittlere Süßkartoffel
(ca. 400 g)
2 Möhren
1 Bund Koriandergrün
(ersatzweise Petersilie)
2 El Kokosöl (ersatzweise
Rapsöl)
200 g rote Linsen
1 Tl gemahlener
Kreuzkümmel
1 Tl gemahlener
Koriander
½ Tl gemahlene Kurkuma
1 l Gemüsebrühe
800 ml passierte Tomaten
Salz, Pfeffer

1. Für die Brote die lauwarme Milch mit der Hefe und dem Reis-sirup in einem Gefäß verrühren. Zugedeckt 15 Minuten stehen lassen.

1. Das Mehl mit Salz und Backpulver in einer Schüssel ver-mischen. Die Hefemilch, Öl und Joghurt zugeben und alles zu einem glatten Teig verkneten. Zugedeckt an einem warmen Ort mindestens 1 Stunde gehen lassen.

3. Inzwischen für das Dal Zwiebel, Knoblauchzehe und Ingwer schälen und fein hacken. Die Süßkartoffel und die Möhren schä-len und klein würfeln. Den Koriander waschen, trocken schütten und die Blätter fein hacken (die Hälfte für die Raita beiseitelegen).

4. Das Kokosöl in einem weiten Topf erhitzen und Zwiebel, Knoblauch und Ingwer anschwitzen. Süßkartoffel, Möhren und Linsen zugeben und kurz anbraten. Die Gewürze darüberstreuen und anrösten. Mit Gemüsebrühe ablöschen, die passierten Toma-ten dazugeben. Bei kleiner Hitze zugedeckt 25 Minuten köcheln lassen. Mit Salz und Pfeffer abschmecken.

Die indische Küche begeistert uns auch mit ihren würzigen vegetarischen Gerichten. Eine geniale Kombi ist das Linsen-Dal mit tollen Gewürzaromen, dazu das erfrischende Raita und ein warmes Naan, frisch aus dem Ofen!

Für die Raita:
½ Gurke, 4 Stiele Minze
250 g Magerquark
200 g Joghurt (3,5 %)
½ Tl gemahlener
Kreuzkümmel
½ Tl gemahlener
Koriander
Salz, Pfeffer

Außerdem:
Butter oder Öl
fürs Backblech
Mehl für die Arbeitsfläche
Ghee (geklärte Butter)
oder Olivenöl zum
Bepinseln
Schwarzkümmel
zum Servieren

5. Für die Raita die Gurke waschen, putzen und raspeln. Die Minze waschen, trocken schütteln und die Blätter fein hacken. Den Magerquark mit Joghurt verrühren. Mit Kreuzkümmel, Koriander, der Hälfte des Koriandergrüns, Minze, Salz und Pfeffer abschmecken.

6. Den Backofen auf 250 °C (Ober-/Unterhitze) vorheizen. Ein Backblech mit Butter oder Öl bestreichen. Den Teig nochmals durchkneten und in 8 Kugeln teilen. Jede Kugel auf einer bemehlten Arbeitsfläche zu einem ovalen Fladen etwa ½ cm dick ausrollen.

7. Die Naanbrote im Backofen auf der mittleren Schiene 6–8 Minuten backen, bis die Oberfläche goldbraun wird. Mit Ghee oder Olivenöl leicht einpinseln. Mit Schwarzkümmel bestreut servieren.

8. Das Dal mit dem restlichen Koriandergrün bestreuen und mit Raita und den Naanbroten servieren.

DEFTIGER GEMÜSESTRUDEL
mit Meerrettich

FERTIG IN: CA. 1 STUNDE (DAVON CA. 35 MINUTEN BACKZEIT)

Für 4 Portionen

4 Möhren (ca. 200 g)
200 g Knollensellerie
1 Pastinake (ca. 200 g)
1 Zwiebel
1 Knoblauchzehe
2 El Olivenöl
2 Tl Paprikapulver
edelsüß
Salz
Pfeffer
150 g Sauerrahm
2 Eier
2 El frisch geriebener
Meerrettich
1 Packung frischer
Blätterteig (ca. 300 g)

Außerdem:

1 verquirltes Ei
zum Bestreichen

1. Den Backofen auf 220 °C (Ober-/Unterhitze) vorheizen. Möhren, Knollensellerie und Pastinake schälen und klein würfeln. Die Zwiebel und die Knoblauchzehe schälen und fein hacken.

2. Das Öl in einer Pfanne erhitzen und Zwiebel und Knoblauch darin anschwitzen. Möhren, Sellerie und Pastinake zugeben und 7–8 Minuten bissfest garen. Mit Paprikapulver, Salz und Pfeffer würzen, anschließend vom Herd nehmen.

3. Das Gemüse mit Sauerrahm und Eiern verrühren. Mit Meerrettich, Salz und Pfeffer abschmecken.

4. Den Teig auf einem Backblech entrollen und die Füllung mittig darauf verteilen. Dabei rundherum einen Rand von ca. 3 cm frei lassen. Die Teigränder mit verquirltem Ei bestreichen und den Teig von oben und unten über die Masse zusammenschlagen. Den Strudel an den Seiten fest andrücken. Nochmals mit verquirltem Ei bestreichen. Im Backofen auf der untersten Schiene 30–35 Minuten goldbraun backen.

> » In der knusprigen Hülle versteckt sich eine deftige Füllung aus Wurzelgemüse, die mit frisch geriebenem Meerrettich eine besonders würzige Note erhält. Unser Klassiker unter den Gemüsestrudeln! «

SHAKSHUKA
mit ganz viel Paprika

FERTIG IN: CA. 1 STUNDE 20 MINUTEN

Für 4 Portionen
8 Tomaten
2 rote Paprikaschoten
2 gelbe Paprikaschoten
2 rote Zwiebeln
1 Knoblauchzehe
½ Bund glatte Petersilie
Salz
Pfeffer
1 Tl Paprikapulver
rosenscharf
2 Tl gemahlener
Kreuzkümmel
4 El Olivenöl
8 Eier (Gr. M)

Außerdem:
Öl für die Fettpfanne
½ Bund Koriander
zum Bestreuen

1. Den Backofen auf 180 °C (Ober-/Unterhitze) vorheizen. Die Fettpfanne des Backofens mit Öl bepinseln. Die Tomaten waschen, trocknen, putzen und hacken. Die Paprikaschoten halbieren, putzen, waschen und in Streifen schneiden. Die Zwiebeln und den Knoblauch schälen. Die Zwiebeln halbieren und in Streifen schneiden, den Knoblauch hacken. Die Petersilie waschen, trocken schütteln und die Blätter abzupfen.

1. Tomaten, Paprikaschoten, Zwiebeln, Knoblauch und Petersilie mischen und mit Salz und Pfeffer würzen. Paprikapulver und Kreuzkümmel hinzugeben, alles vermengen, dann mit dem Olivenöl verrühren. Auf dem Blech verteilen und alles 1 Stunde garen. Zwischenzeitlich 1–2 Mal umrühren.

3. Das Blech herausnehmen und vorsichtig 8 Mulden in die Gemüsemischung drücken. In jede Mulde 1 aufgeschlagenes Ei gleiten lassen. Mit etwas Salz würzen, dann für ca. 15 weitere Minuten in den Ofen schieben, bis die Eier gestockt sind.

4. Den Koriander waschen, trocken schütteln und die Blättchen abzupfen. Shakshuka mit Koriander bestreut servieren und nach Belieben Fladenbrot dazu reichen.

>> DAS Trendgericht der Levante-Küche ist nicht nur unglaublich aromatisch und gesund – es ist auch schnell gemacht, leicht, bekömmlich, günstig und farbenfroh. Ziemlich viele Argumente für ein Gericht, oder? Mein Fazit: unbedingt ausprobieren! <<

RISI E BISI
Reis mit Erbsen

FERTIG IN: CA. 30 MINUTEN

Für 4 Portionen
1 Zwiebel
1 Knoblauchzehe
4 Stängel Petersilie
2 El Olivenöl
250 g Risottoreis
(z. B. Arborio)
ca. 1 l heiße
Gemüsebrühe
150 g TK-Erbsen
2 El Butter
50 g geriebener
italienischer Hartkäse
(für Vegetarier geeignet,
z. B. Montello)
Salz
Pfeffer
abgeriebene Schale und
Saft von 1 Bio-Zitrone

1. Die Zwiebel und die Knoblauchzehe schälen und fein hacken. Die Petersilie waschen, trocken schütteln und die Blättchen fein hacken.

1. In einem großen Topf das Olivenöl erhitzen und die Zwiebel mit dem Knoblauch darin glasig anschwitzen. Den Risottoreis zugeben und alles weitere 2 Minuten anschwitzen. Mit etwas Gemüsebrühe ablöschen und diese fast einkochen lassen. So viel heiße Gemüsebrühe aufgießen, dass der Reis gerade bedeckt ist. Unter Rühren köcheln lassen, bis die Flüssigkeit fast verdampft ist. Nach und nach die Gemüsebrühe aufgießen und unter Rühren ca. 20 Minuten kochen lassen, bis der Reis bissfest ist. Nach etwa der Hälfte der Garzeit die Erbsen hinzugeben.

3. Den Topf mit dem Risotto vom Herd nehmen, die Butter und den Käse unter den Reis rühren. Mit Salz, Pfeffer, Zitronenschale und -saft abschmecken. Das Risotto auf Teller verteilen und mit Petersilie bestreut servieren.

Für eine besonders würzige Variante 200 g klein gewürfelten und knusprig angebratenen Räuchertofu untermischen.

CRESPELLE
mit Gemüsefüllung

FERTIG IN: CA. 1 STUNDE 30 MINUTEN

Für 4 Portionen

Für die Pfannkuchen:
2 Eier (Gr. M)
250 ml Milch
50 ml Mineralwasser
120 g Dinkelmehl
(Type 630)
Salz
1 El Butterschmalz

Für die Füllung:
1 Zwiebel
1 Knoblauchzehe
2 Zucchini
150 g Pilze nach Wahl
2 El Olivenöl
2 Tl getrockneter Oregano
Salz
Pfeffer
250 g Ricotta
½ Bund Basilikum
400 ml passierte Tomaten
50 g geriebener
italienischer Hartkäse
(für Vegetarier geeignet,
z. B. Montello)

Außerdem:
Auflaufform
Öl oder Butter zum Fetten

1. Für die Pfannkuchen Eier mit Milch und Mineralwasser verquirlen und mit Mehl und Salz zu einem glatten Teig verrühren. Ca. 30 Minuten ruhen lassen.

1. Für die Füllung die Zwiebel und Knoblauchzehe schälen und fein hacken. Die Zucchini waschen, putzen und klein würfeln. Die Pilze abreiben, putzen und ebenfalls klein würfeln.

3. Das Öl in einer Pfanne erhitzen und Zwiebel und Knoblauch darin anschwitzen. Zucchini und Pilze zugeben und 6–8 Minuten anbraten. Mit 1 Teelöffel Oregano, Salz und Pfeffer abschmecken. Abkühlen lassen.

4. Inzwischen in einer beschichteten Pfanne das Butterschmalz erhitzen und den Teig portionsweise zu 4 dünnen Pfannkuchen ausbacken. Die einzelnen Pfannkuchen nach wenigen Minuten wenden und fertig backen. Auf einem Küchenpapier abtropfen lassen.

5. Den Backofen auf 180 °C (Ober-/Unterhitze) vorheizen. Den Ricotta unter das Gemüse mischen und nochmals abschmecken. Die Auflaufform ausfetten. Die Gemüsemischung auf den Pfannkuchen verteilen und dann aufrollen. Die Crespelle dicht nebeneinander in die Auflaufform schichten.

6. Basilikum waschen, trocken schütteln und die Blätter fein hacken. Die passierten Tomaten mit dem Basilikum, restlichem Oregano, Salz und Pfeffer würzen und über die Crespelle gießen. Mit Käse bestreuen. Im Backofen auf der mittleren Schiene 20–25 Minuten backen.

Von italienischen Gerichten können wir einfach nicht genug bekommen. Deshalb kommen die mit Ricotta und Gemüse gefüllten Pfannkuchen regelmäßig bei uns auf den Tisch. Buon Appetito!

KARTOFFEL-APFEL-GRATIN

FERTIG IN CA. 50 MINUTEN (DAVON CA. 40 MINUTEN BACKZEIT)

1. Den Lauch waschen, putzen und in feine Ringe schneiden. Die Kartoffeln waschen, schälen und in dünne Scheiben hobeln. Den Apfel waschen, vierteln und das Kerngehäuse entfernen. Die Viertel in dünne Scheiben schneiden. Mit dem Zitronensaft beträufeln.

2. Den Backofen auf 200 °C (Ober-/Unterhitze) vorheizen. Eine Auflaufform ausfetten. Den Käse reiben. Die Sahne mit Milch mischen und mit Muskatnuss, Salz und Pfeffer würzen.

3. Kartoffeln, Apfel und Lauch abwechselnd dachziegelartig in die Auflaufform schichten. Die Sahnemischung darübergießen. Mit dem Käse bestreuen und im Backofen auf der mittleren Schiene 35–40 Minuten backen, bis die Kartoffeln bissfest sind und die Oberfläche gebräunt ist.

Für 4 Portionen
1 Stange Lauch
800 g mehligkochende Kartoffeln
1 säuerlicher Apfel
Saft von ½ Zitrone
150 g mittelalter Gouda
250 ml Sahne
250 ml Milch (1,5 %)
frisch geriebene Muskatnuss
Salz
Pfeffer

Außerdem:
Auflaufform
Butter zum Ausfetten

> Der herzhafte Klassiker wird bei uns mit einem Apfel fruchtig aufgewertet. Dabei bleibt der Apfelgeschmack dezent im Hintergrund und das Kartoffelgratin schmeckt trotzdem wunderbar würzig und aromatisch.

KARTOFFEL-KOKOS-CURRY

FERTIG IN: CA. 30 MINUTEN

Für 4 Portionen
1 Brokkoli
Salz
600 g festkochende
Kartoffeln
1 Stück Ingwer (2 cm)
1 Zwiebel
1 Knoblauchzehe
1 rote Chilischote
1 rote Paprikaschote
1 Dose Kichererbsen
(Abtropfgewicht 240 g)
3 El Rapsöl
2 Tl Garam Masala
1 Dose Kokosmilch
(Füllmenge 400 ml)
50 g Erdnusskerne
Pfeffer
1 Bund Koriander
(ersatzweise Petersilie)

1. Den Brokkoli putzen und waschen. Den Stiel großzügig schälen und klein würfeln, den Rest in Röschen teilen. Salzwasser in einem Topf zum Kochen bringen und die Röschen darin 3–4 Minuten blanchieren, dann abgießen und abschrecken.

1. Die Kartoffeln schälen und klein würfeln. Ingwer, Zwiebel und Knoblauchzehe schälen und fein hacken. Die Chilischote und die Paprika putzen, waschen und fein würfeln. Die Kichererbsen in ein Sieb schütten, abspülen und abtropfen lassen.

3. Das Öl in einem Topf erhitzen und Zwiebel, Knoblauch, Ingwer und Chilischote darin anschwitzen. Brokkoliwürfel, Paprika und Kartoffeln zufügen. Garam Masala darüberstreuen und kurz anrösten. Mit Kokosmilch ablöschen. Bei kleiner Hitze zugedeckt ca. 20 Minuten köcheln lassen. Brokkoli, Kichererbsen und Erdnüsse zufügen und weitere 3–4 Minuten erwärmen. Mit Salz und Pfeffer abschmecken.

4. Den Koriander waschen, trocken schütteln und fein hacken. Das Curry mit Koriander bestreuen und servieren.

Unser Lieblings-curry ist im Handumdrehen serviert: mit buntem Gemüse, knackigen Erdnüssen und einer raffinierten Kokosmilch-sauce!

> *Wir mögen die Frittata als warmes sättigendes Hauptgericht, aber auch mal gerne kalt für zwischendurch.*

FRITTATA
mit Pilzen und Paprika

FERTIG IN: CA. 30 MINUTEN

Für 4 Portionen

150 g Pilze nach Wahl
(z. B. Kräuterseitlinge
oder Champignons)
200 g Baby-Spinat
1 rote Paprikaschote
1 Knoblauchzehe
80 g Gouda
6 Eier (Gr. L)
200 g Sauerrahm
Salz
Pfeffer
2 El Olivenöl

Außerdem:
ofenfeste Pfanne

1. Die Pilze putzen und in Scheiben schneiden. Den Spinat waschen, putzen und trocken schütteln. Die Paprika putzen, waschen und klein würfeln. Die Knoblauchzehe schälen und fein hacken. Den Gouda reiben. Die Eier mit dem Sauerrahm verrühren. Den Käse zugeben und die Eiermasse mit Salz und Pfeffer würzen.

2. Den Backofen auf 180 °C (Umluft) vorheizen. In einer ofenfesten Pfanne das Olivenöl erhitzen und die Knoblauchzehe darin anschwitzen. Die Pilze und die Paprika zugeben und 3–4 Minuten anbraten. Mit Salz und Pfeffer würzen. Den Spinat zugeben, zusammenfallen lassen und die Eiermasse darübergießen.

3. Die Frittata im Backofen auf der mittleren Schiene 15–18 Minuten stocken lassen. Die Frittata stürzen, in Stücke schneiden und servieren.

Die italienische Antwort auf Omelett. Der Eierkuchen ist aber saftiger und reichhaltiger, da er mit würzigem Käse und Gemüse verfeinert wird.

WÜRZIGE BRATKARTOFFELN
mit Spinat und knusprigem Ei

FERTIG IN: CA. 1 STUNDE

Für 4 Portionen
1 kg festkochende
Kartoffeln
Salz
4 Frühlingszwiebeln
500 g frischer Blattspinat
1 Zwiebel
1 Knoblauchzehe
3 El Butterschmalz
Pfeffer
½ Tl Kümmel

Für die knusprigen Eier:
5 Eier (Gr. M)
Salz
Pfeffer
3 El Mehl
60 g Semmelbrösel
Pflanzenöl zum Frittieren

! TIPP
Noch schneller geht es,
wenn Pellkartoffeln vom
Vortag verwendet werden.

1. Die Kartoffeln waschen und in Salzwasser bei mittlerer Hitze 25–30 Minuten gar kochen. Abgießen, kurz ausdampfen lassen, pellen und würfeln. Anschließend vollständig auskühlen lassen.

2. Inzwischen 4 Eier in kochendem Wasser ca. 6 Minuten wachsweich kochen, kalt abschrecken und vorsichtig schälen. Die Eier abkühlen lassen.

3. Die Frühlingszwiebeln putzen, waschen und schräg in Scheiben schneiden. Den Blattspinat verlesen, waschen und trocken schütteln. Zwiebel und Knoblauchzehe schälen und fein hacken.

4. In einer Pfanne 2 Esslöffel Butterschmalz erhitzen. Die Kartoffeln zufügen, mit Salz und Pfeffer würzen und rundherum 10 Minuten goldbraun braten. Frühlingszwiebeln und Kümmel zufügen und nochmals 3 Minuten unter Wenden braten. Herausnehmen und zugedeckt warm halten.

5. Inzwischen das restliche Butterschmalz in einem Topf erhitzen und Zwiebel und Knoblauch darin anschwitzen. Den Spinat zugeben und 3–4 Minuten dünsten, bis er zusammengefallen ist. Mit Salz und Pfeffer würzen.

6. Das übrige Ei in einer Schüssel verquirlen, mit Salz und Pfeffer würzen. Mehl und Semmelbrösel in je einer weiteren Schüssel verteilen. Die Eier zuerst in Mehl, dann im verquirlten Ei und anschließend in den Semmelbrösel wälzen.

7. Ausreichend Öl in einem weiten Topf heiß werden lassen. Zur Probe einen hölzernen Kochlöffel hineinhalten. Wenn sich rundherum Bläschen bilden, ist das Fett heiß genug. Die Eier darin goldbraun frittieren. Die Bratkartoffeln mit Spinat und knusprigem Ei servieren.

ARANCINI
mit Tomatensauce

FERTIG IN: CA. 1 STUNDE 10 MINUTEN

Für 4 Portionen

Für die Reisbällchen:
50 g TK-Erbsen
1 Zwiebel
1 Knoblauchzehe
2 El Olivenöl
300 g Risottoreis
ca. 1 l heiße
Gemüsebrühe
1 El Butter
50 g italienischer
Hartkäse (für Vegetarier
geeignet, z. B. Montello)
Salz, Pfeffer
1 Kugel Mozzarella
(Abtropfgewicht 100 g)

Für die Tomatensauce:
1 Zwiebel
1 Knoblauchzehe
1 El Olivenöl
800 g passierte Tomaten
Salz, Pfeffer
1 Tl getrockneter
Oregano

Für die Panade:
2 Eier (Gr. M), Salz
Pfeffer, 40 g Mehl
100 g Semmelbrösel

Außerdem:
Pflanzenöl zum Frittieren

1. Die Erbsen auftauen lassen. Die Zwiebel und die Knoblauchzehe schälen und fein hacken. In einem Topf das Öl erhitzen und Zwiebel und Knoblauch darin anschwitzen. Den Reis dazugeben und 2 Minuten anschwitzen. Mit etwas heißer Gemüsebrühe ablöschen und fast ganz einkochen lassen. So viel heiße Gemüsebrühe dazugeben, dass der Reis gerade bedeckt ist. Alles unter Rühren köcheln lassen, bis die Flüssigkeit fast verdampft ist. Dabei nach und nach die Gemüsebrühe aufgießen und unter Rühren etwa 20 Minuten köcheln lassen, bis das Risotto bissfest ist. Das Risotto vom Herd nehmen, die Butter und die Hälfte des Käses unterrühren. Mit Salz und Pfeffer abschmecken. Das Risotto abkühlen lassen. Den Mozzarella klein würfeln.

2. Inzwischen für die Tomatensauce die Zwiebel und die Knoblauchzehe schälen und fein hacken. Das Öl in einem Topf erhitzen, Zwiebel und Knoblauch anschwitzen und passierte Tomaten zufügen. Mit Salz, Pfeffer und Oregano würzen und bei mittlerer Hitze köcheln lassen.

3. Für die Panade die Eier in einem Suppenteller verquirlen, mit Salz und Pfeffer würzen. Mehl und Semmelbrösel auf zwei weitere Suppenteller geben.

4. Die Hände mit kaltem Wasser befeuchten und je 1 Esslöffel Reis in die Hand geben. Platt drücken und je 1 Teelöffel Mozzarellawürfel und Erbsen in die Mitte geben. 1 Esslöffel Reis daraufgeben und zu einer Kugel formen. Insgesamt 12 Kugeln formen. Die Reiskugeln zuerst im Mehl, dann in den Eiern und zuletzt in den Semmelbröseln wälzen.

5. Ausreichend Öl in einem Topf erhitzen und die Arancini in 3–4 Minuten rundherum goldbraun frittieren. Auf Küchenpapier abtropfen lassen. Die Arancini mit der Tomatensauce servieren.

KÄRNTNER KASNUDELN

FERTIG IN: CA. 1 STUNDE 20 MINUTEN

Für 4 Portionen

200 g mehligkochende
Kartoffeln
Salz
1 Zwiebel
1 Knoblauchzehe
1 El Butter
2 Stängel Minze
2 Stängel Kerbelkraut
250 g Magerquark

Für den Nudelteig:

500 g griffiges Mehl
(ersatzweise Weizenmehl
Type 405)
1 Ei (Gr. M)
1 El Öl
Salz

1. Für die Füllung die Kartoffeln waschen, in einen Topf geben und mit Wasser bedecken. Salzen und zugedeckt bei mittlerer Hitze 25–30 Minuten gar kochen.

2. Für den Teig das Mehl auf die Arbeitsfläche geben. In die Mitte eine Mulde drücken. Ei, Öl, 1 Teelöffel Salz und ca. 150 ml warmes Wasser in die Mulde geben und mit dem Mehl verkneten, bis ein mittelfester Teig entstanden ist. Den Teig in eine Schüssel geben und mit einem feuchten Tuch abgedeckt 30 Minuten ruhen lassen.

3. Die Kartoffeln abgießen, ausdampfen lassen und noch heiß pellen. Durch eine Kartoffelpresse drücken. Die Zwiebel und Knoblauchzehe schälen und fein hacken. Die Butter in einer Pfanne erhitzen und beides darin anschwitzen. Die Kräuter waschen, trocken schütteln und die Blätter fein hacken. Die Kartoffeln mit Zwiebel, Kräutern, Quark und 1 Teelöffel Salz gut durchkneten.

4. Den Teig auf einer bemehlten Arbeitsfläche ca. 1,5 mm dünn ausrollen. Mit einer runden Form (ca. 10 cm Durchmesser) Kreise ausstechen und jeweils 1 Teelöffel Füllung auf eine Hälfte geben.

Die herzhaften Kasnudeln sind ein echter Klassiker der Kärntner Küche. Das Besondere ist der kunstvoll gekrendelte Rand! Keine Sorge, wenn das zackenartige Festdrücken der Teigränder mit den Fingern nicht auf Anhieb klappt- die Kasnudeln schmecken so oder so hervorragend!

Zum Servieren:
1 Bund Schnittlauch
200 g Butter

Außerdem:
Mehl zum Bestäuben
1 Eiweiß zum Bestreichen

Die Teigränder mit verquirltem Eiweiß bestreichen. Die Nudeln zu Halbkreisen zusammenklappen. Teigränder gut andrücken und den doppelten Teigrand von links nach rechts immer wieder zwischen Daumen und Zeigefinger zusammendrücken, etwas herausziehen und zur Hälfte einklappen. In Kärnten nennt man das „krendeln". Alternativ die Teigränder mithilfe des Gabelrückens fest zusammendrücken.

5. Die Nudeln auf ein bemehltes Brett legen. Den Schnittlauch waschen, trocknen schütteln und in Röllchen schneiden.

6. In einem großen Topf reichlich Salzwasser zum Kochen bringen und die Kasnudeln darin bei kleiner Hitze ca. 12 Minuten gar ziehen lassen. Inzwischen die Butter in einem Topf langsam schmelzen und leicht anbräunen. Die Nudeln aus dem Wasser nehmen, abtropfen lassen und mit brauner Butter beträufelt und Schnittlauchröllchen bestreut servieren.

GEMÜSEKÜCHLEIN
mit Rosmarin

FERTIG IN: CA. 25 MINUTEN

Für 4 Portionen
400 g Hokkaidokürbis
2 kleine Zucchini
4 Frühlingszwiebeln
2 kleine Knoblauch-
zehen
100 g Magerquark
4–6 El Kichererbsen-
mehl
2 Zweige Rosmarin
Salz
Pfeffer
6 El Olivenöl

1. Kürbis und Zucchini waschen, putzen, den Kürbis entkernen und anschließend zusammen mit den Zucchini grob raspeln. Die Frühlingszwiebeln waschen, putzen und in Ringe schneiden. Die Knoblauchzehen schälen und fein hacken. Alles miteinander vermischen.

2. Magerquark und Kichererbsenmehl untermengen. Die Rosmarinnadeln fein hacken und ebenfalls untermischen. Kräftig mit Salz und Pfeffer würzen.

3. In einer Pfanne das Öl erhitzen und je 1 Esslöffel von der Masse hineinsetzen. Bei mittlerer Hitze die Küchlein 3–4 Minuten goldbraun anbraten, wenden und 3–4 Minuten fertig braten.

Das Essen schmeckt sowohl warm als auch kalt und ist somit auch für unterwegs geeignet.

Gemüseküchlein gehen
bei uns eigentlich immer.
Mit leckerem Kürbis machen
sie schön satt und sind gleichzeitig gesund – dabei aber
auch richtig deftig!

Fleischklassiker
OHNE FLEISCH

Ob Königsberger Klopse, Burger, Cevapcici oder Kohlrouladen – in diesem Kapitel wirst du staunen, wie lecker
die vegetarischen Abwandlungen schmecken. Längst
kommen dabei nicht nur Sojaschnetzel, Tofu und Co.
zum Einsatz. Auch mit Bohnen, Haferflocken und Pilzen
lassen sich mit Gewürzen und Kräutern fantastische
Fleisch-Alternativen kreieren. Probiert es aus und lasst
euch die leckeren Ergebnisse auf der Zunge zergehen.

KOHLROULADEN
in scharfer Tomatensauce

FERTIG IN: CA. 1 STUNDE 15 MINUTEN (DAVON CA. 30 MINUTEN BACKZEIT)

Für 4 Portionen
1 Zwiebel
1 Knoblauchzehe
1 große Möhre
100 g Knollensellerie
1 El Olivenöl, 100 g Bulgur
250 ml Gemüsebrühe
1 Tl abgeriebene Schale
von 1 Bio-Zitrone
½ Tl gemahlener
Kreuzkümmel
½ Tl gemahlener
Koriander
1 Prise Cayennepfeffer
1 Tl Harissa
Salz, Pfeffer
100 g Feta
8 große Spitzkohlblätter

**Für die scharfe
Tomatensauce:**
1 Zwiebel
1 Knoblauchzehe
1 rote Chilischote
1 El Olivenöl
600 g stückige Tomaten
Salz, Pfeffer
½ Bund Petersilie

Außerdem:
Butter für die Form
Zahnstocher

1. Die Zwiebel und Knoblauchzehe schälen und fein hacken. Möhre und Knollensellerie putzen, schälen und klein würfeln.

2. Das Öl in einem Topf erhitzen und Zwiebel und Knoblauch darin anschwitzen. Möhre und Sellerie dazugeben und kurz anbraten. Den Bulgur zufügen und mit der Gemüsebrühe aufgießen. Mit Zitronenschale, Kreuzkümmel, Koriander, Cayennepfeffer, Harissa, Salz und Pfeffer würzen. Alles einmal aufkochen und dann bei ganz kleiner Hitze zugedeckt 10–15 Minuten ausquellen lassen. Vom Herd nehmen. Den Feta zerbröckeln und untermischen.

3. Für die Tomatensauce Zwiebel und Knoblauch schälen und fein hacken. Chilischote putzen, waschen und klein hacken. Das Öl in einem Topf erhitzen und Zwiebel, Knoblauch und Chilischote darin anschwitzen. Die Tomaten zufügen und mit Salz und Pfeffer würzen. Bei kleiner Hitze ca. 20 Minuten köcheln lassen.

4. Inzwischen die Spitzkohlblätter für 1 Minute in Salzwasser blanchieren, in Eiswasser abschrecken und abtropfen lassen.

5. Den Backofen auf 200 °C (Ober-/Unterhitze) vorheizen. Eine Auflaufform ausfetten. Die Spitzkohlblätter mit je 2 Esslöffeln Füllung mittig belegen. Den unteren Teil über die Füllung legen, beide Seiten einschlagen und fest aufrollen. Mit Zahnstochern fixieren.

6. Die Tomatensauce in die Auflaufform füllen und die Rouladen in die Form legen. Im Backofen auf der mittleren Schiene 25–30 Minuten backen. Die Petersilie waschen, trocken schütteln und fein hacken. Die Kohlrouladen mit der Sauce und mit Petersilie bestreut servieren.

Im Vergleich zu einer Version mit 500 g gemischtem Hackfleisch kommen ca. **6 €** ins Sparschwein. Außerdem spart ihr ca. **2,5 kg** Emissionen. Das entspricht einer Autofahrt von ca. **18 km**.

NASI GORENG
Gemüse-Reispfanne

FERTIG IN: CA. 35 MINUTEN

Für 4 Portionen
250 g Langkornreis
Salz
2 Möhren
1 rote Paprikaschote
1 Pak Choi (ca. 400 g)
1 Zwiebel
2 Knoblauchzehen
1 Stück Ingwer (3 cm)
1 Glas Mungobohnen-
sprossen (Abtropfgewicht
125 g)
½ Bund Koriander
3 El Sesamöl
1 Tl gemahlene Kurkuma
1 Tl Currypulver
2 El Sojasauce
1 Tl Sambal Oelek
Pfeffer

Für das Rührei:
3 Eier (Gr. M)
2 El Sojasauce
1 El Sesamöl

Außerdem:
Sambal Oelek
zum Servieren

1. Den Reis in 500 ml Salzwasser zum Kochen bringen und bei kleiner Hitze zugedeckt nach Packungsanleitung gar kochen. Abkühlen lassen.

2. Die Möhren putzen, schälen und in feine Stifte schneiden. Die Paprika putzen, waschen und in Streifen schneiden. Den Pak Choi putzen, die Blätter waschen und in Streifen schneiden. Zwiebel, Knoblauchzehen und Ingwer schälen und fein hacken. Die Mungobohnensprossen abgießen, abspülen und abtropfen lassen. Den Koriander waschen, trocken schütteln und die Blätter abzupfen.

3. Für das Rührei die Eier mit 2 Esslöffeln Wasser und der Sojasauce verrühren. Das Öl in einer Pfanne erhitzen. Die Eiermischung darin als Rührei braten, herausnehmen und auf einem Teller beiseitestellen.

4. In einer Pfanne oder Wok das Öl erhitzen. Zwiebel, Knoblauch und Ingwer darin anschwitzen. Möhren und Paprika dazugeben und unter Rühren 2 Minuten anbraten. Pak Choi zufügen und weitere 3–4 Minuten braten. Den Reis dazugeben und mit Kurkuma, Curry, Sojasauce und Sambal Oelek würzen. Anbraten, bis der Reis warm ist.

5. Das Rührei unter den gebratenen Reis mischen. Nasi Goreng mit Koriander bestreuen und nach Belieben mit Sambal Oelek servieren.

Im Vergleich zu einer Version mit 250 g Hähnchenbrustfilet und 300 g Garnelen kommen ca. **22 €** ins Sparschwein. Außerdem spart ihr **4,7 kg** Emissionen. Das entspricht einer Autofahrt von ca. **33 km**.

VEGGIE-CURRYWURST
mit Süßkartoffel-Pommes

FERTIG IN: CA. 1 STUNDE 45 MINUTEN (DAVON CA. 1 STUNDE EINWEICHZEIT)

Für 4 Portionen

Für die Süßkartoffel-Pommes:
2 große Süßkartoffeln
(je ca. 400 g)
2 El Maisgrieß (Polenta)
1 Tl Paprikapulver
edelsüß
2 Tl Salz
1 El Olivenöl

Für die Currywurst:
2 Zwiebeln
4 El Olivenöl
2 Tl Currypulver
2 El Tomatenmark
400 g passierte Tomaten
100 ml Apfelsaft
2 El Apfelessig
1 El Honig
Salz
Pfeffer
4 vegetarische
Bratwürste

Außerdem:
Currypulver
zum Servieren

1. Die Süßkartoffeln waschen, nach Belieben schälen und in etwa 1 cm dicke Stifte schneiden. Für ca. 1 Stunde in kaltem Wasser einweichen (so werden die Pommes knuspriger).

2. Inzwischen für die Currysauce die Zwiebeln schälen und fein hacken. 2 Esslöffel Öl in einer Pfanne erhitzen und die Zwiebeln darin glasig anschwitzen. Curry darüberstreuen und ebenfalls kurz anschwitzen. Tomatenmark zufügen, dann mit Tomaten, Apfelsaft und Essig ablöschen. Honig zugeben und die Sauce 10 Minuten offen köcheln lassen. Mit Salz und Pfeffer abschmecken.

3. Die Pommes abgießen und mit einem Küchentuch trocken tupfen. Den Backofen auf 200 °C (Ober-/Unterhitze) vorheizen. Ein Backblech mit Backpapier auslegen.

4. In einer Schüssel Maisgrieß, Paprikapulver, Salz und Olivenöl mischen. Die Pommes zugeben und alles gut vermengen. Auf dem Backpapier verteilen, so dass sich die Pommes nicht überlappen. Im Backofen auf der mittleren Schiene 20–25 Minuten backen.

5. Das restliche Öl in einer Pfanne erhitzen und die Würste darin 3–5 Minuten braten. In 1,5 cm dicke Stücke schneiden und auf Tellern verteilen. Mit der Currysauce anrichten und mit Currypulver bestäuben. Die Süßkartoffel-Pommes dazu servieren.

Im Vergleich zu einer Version mit echten Bratwürsten kommen ca. **2,40 €** ins Sparschwein. Außerdem spart ihr ca. **0,52 kg** Emissionen. Das entspricht einer Autofahrt von ca. **3 km.**

SELLERIESCHNITZEL
mit Kartoffel-Gurken-Salat

FERTIG IN: CA. 1 STUNDE 10 MINUTEN

Für 4 Portionen

Für den Kartoffelsalat:
1 kg festkochende
Kartoffeln
Salz
150 ml Gemüsebrühe
2 El Rapsöl
4 El Apfelessig
1 Tl mittelscharfer Senf
Pfeffer
1 Salatgurke
1 Bund Schnittlauch

Für die Schnitzel:
2 kleine Knollen Sellerie
(je ca. 400 g)
Salz
Pfeffer
1 Ei (Gr. L)
40 g Mehl
100 g Semmelbrösel
50 g Butterschmalz

Außerdem:
1 Zitrone zum Servieren

1. Für den Kartoffelsalat die Kartoffeln waschen und ca. 30 Minuten in reichlich Salzwasser gar kochen. Abgießen und ausdampfen lassen.

1. Inzwischen den Sellerie waschen, schälen und in 1 cm dicke Scheiben schneiden. In kochendem Salzwasser 10 Minuten garen, abgießen und mit Küchenpapier trocken tupfen. Salzen und pfeffern.

3. Die noch warmen Kartoffeln pellen und in Scheiben schneiden. Gemüsebrühe erhitzen und heiß mit Öl, Essig und Senf verrühren. Die Kartoffeln zugeben. Mit Salz und Pfeffer würzen und ziehen lassen.

4. Für die Schnitzel das Ei mit Salz und Pfeffer verrühren. Die Selleriescheiben zuerst in Mehl, dann in Ei und zuletzt in den Semmelbrösel wenden.

5. Die Gurke waschen und in Scheiben hobeln oder schneiden. Den Schnittlauch waschen, trocken schütteln und in Röllchen schneiden. Vorsichtig unter den Kartoffelsalat mischen und nochmals abschmecken.

6. Das Butterschmalz in einer Pfanne erhitzen und die Schnitzel portionsweise von jeder Seite ca. 3 Minuten goldbraun braten. Zum Servieren die Zitrone in Schnitze schneiden und die Sellerieschnitzel mit Zitronenschnitzen und dem Kartoffel-Gurken-Salat anrichten.

Im Vergleich zu einer Version mit 4 Kalbsschnitzeln à 150 g kommen ca. **20 €** ins Sparschwein. Außerdem spart ihr ca. **2,3 kg** Emissionen. Das entspricht einer Autofahrt von ca. **17 km**.

KÖNIGSBERGER KLOPSE
auf vegetarisch

FERTIG IN: CA. 1 STUNDE

Für 4 Portionen

Für die Knödel:

750 ml Milch
250 ml Gemüsebrühe
275 g Maisgrieß
2 Eier (Gr. M)
50 g geriebener
italienischer Hartkäse
(für Vegetarier geeignet,
z. B. Montello)
frisch geriebene
Muskatnuss
Salz
Pfeffer

Für die Sauce:

50 g Butter
40 g Mehl
300 ml Milch
400 ml Gemüsebrühe
90 g Kapern
aus dem Glas
200 ml Sahne
1 El Zitronensaft
1 Tl abgeriebene Schale
von einer Bio-Zitrone
frisch geriebene
Muskatnuss
Salz
Pfeffer

1. Die Milch mit der Gemüsebrühe aufkochen und den Maisgrieß einrieseln lassen. Unter Rühren aufkochen lassen, vom Herd nehmen und 10 Minuten ausquellen lassen.

1. Die Masse etwas abkühlen lassen. Eier und Käse zufügen, mit Muskatnuss, Salz und Pfeffer abschmecken. Aus der abgekühlten Masse mit feuchten Händen 10 Knödel formen.

3. In einem Topf 2 l Salzwasser zum Kochen bringen. Die Knödel im kochenden Wasser 4–5 Minuten gar ziehen lassen.

4. Inzwischen für die Sauce die Butter in einem Topf zerlassen. Das Mehl zufügen und darin unter Rühren anschwitzen. Die Milch und die Gemüsebrühe unter Rühren zugießen. Alles aufkochen und bei mittlerer Hitze ca. 10 Minuten köcheln lassen. Die Kapern abgießen.

5. Die Sahne dazugießen und die Kapern hinzufügen. Alles erneut aufkochen und mit Zitronensaft, -abrieb, Muskatnuss, Salz und Pfeffer abschmecken. Die Knödel mit der Sauce anrichten und servieren.

Ein echter Klassiker der deutschen Küche kommt bei uns in der vegetarischen Version auf den Tisch und zwar mit herzhaften Polentaknödeln. Diese harmonieren wunderbar mit der zitronigen Sauce, aufgepeppt durch würzige Kapern.

Im Vergleich zu einer Version mit 500 g Hackfleisch kommen ca. **6,50 €** ins Sparschwein. Außerdem spart ihr ca. **1,57 kg** Emissionen. Das entspricht einer Autofahrt von ca. **11 km**.

GRÜNKERN-CEVAPCICI
mit Tomatenreis

FERTIG IN: CA. 40 MINUTEN

Für 4 Portionen

Für die Cevapcici:
1 Zwiebel
2 Knoblauchzehen
5 El Olivenöl
120 g Grünkernschrot
2 Tl gemahlener Kreuzkümmel
1 Tl geräuchertes Paprikapulver
240 ml Gemüsebrühe
80 g Semmelbrösel
2 Eier
Salz
Pfeffer

Für den Tomatenreis:
1 Zwiebel
1 Knoblauchzehe
1 rote Paprikaschote
2 El Olivenöl
2 El Tomatenmark
2 Tl Paprikapulver
300 g Langkornreis
600 ml Gemüsebrühe
100 g TK-Erbsen
Salz
Pfeffer

Außerdem:
Ajvar zum Servieren

1. Für die Cevapcici Zwiebel und Knoblauchzehen schälen und fein hacken. In einem Topf 2 Esslöffel Öl erhitzen, Zwiebel, Knoblauch und Grünkernschrot darin anschwitzen. Kreuzkümmel und Paprikapulver zufügen und kurz anbraten. Mit Gemüsebrühe aufgießen. Bei kleiner Hitze zugedeckt 10–15 Minuten ausquellen lassen. Gelegentlich umrühren. Vom Herd nehmen und abkühlen lassen.

1. Inzwischen für den Reis die Zwiebel und Knoblauchzehe schälen und fein hacken. Die Paprika putzen, waschen und klein würfeln. In einem Topf das Öl erhitzen und Zwiebel und Knoblauch darin anschwitzen. Paprika, Tomatenmark, Paprikapulver und Reis zufügen und kurz anbraten. Mit Gemüsebrühe aufgießen, die Erbsen zufügen und bei kleiner Hitze zugedeckt 10–15 Minuten ausquellen lassen. Mit Salz und Pfeffer abschmecken.

3. Die Semmelbrösel und die Eier unter die abgekühlte Grünkernmasse mischen und alles mit Salz und Pfeffer abschmecken. Aus der Masse mit angefeuchteten Händen fingerlange Würstchen formen. In einer Pfanne das restliche Öl erhitzen und die Cevapcici rundherum 8–10 Minuten braten. Die Cevapcici mit Tomatenreis und Ajvar servieren.

Im Vergleich zu einer Version mit 750 g gemischtem Hackfleisch kommen ca. **10 €** ins Sparschwein. Außerdem spart ihr ca. **4,15 kg** Emissionen. Das entspricht einer Autofahrt von ca. **29 km**.

BOHNENBURGER
Black Beauty

FERTIG IN: CA. 35 MINUTEN (DAVOR CA. 12 STUNDEN EINWEICHZEIT)

Für 4 Portionen

Für die Burger:
200 g getrocknete
schwarze Bohnen
40 g Quinoa
1 große Zwiebel
1 Bund Petersilie
1–2 Chilischoten
(je nach Geschmack)
85 g Wirsing
1 Knoblauchzehe
1 Tl Sonnenblumenöl
1 Tl BBQ-Gewürz
1 Tl edelsüßes
Paprikapulver
2 Tl Salz
1 Prise Pfeffer
1 Tl Agavendicksaft
7 gehäufte El Mehl,
evtl. etwas mehr

Für die Garnitur:
4 Essiggurken
1 Tomate
1 kleine Zwiebel
4 große Burgerbuns
4 Tl Senf
4 El Ketchup oder
Cocktailsauce

1. Die Bohnen mindestens 12 Stunden in reichlich Wasser einweichen. Am nächsten Tag Quinoa und Bohnen nach Packungsanleitung gar kochen.

1. Die Zwiebel schälen, die Petersilie waschen und trocknen. Die Chilischote längs halbieren, putzen und innen und außen waschen. Zwiebel, Petersilie und Chili fein hacken. Den Wirsing waschen, trocknen und fein schneiden. Alles in eine Schüssel geben. Die Knoblauchzehe abziehen und dazupressen.

3. Die Bohnen-Quinoa-Mischung mit einer Gabel oder dem Kartoffelstampfer fein zerdrücken und ebenfalls in die Schüssel geben. Die Mischung mit Sonnenblumenöl, BBQ-Gewürz, Paprikapulver, Salz, Pfeffer, Agavendicksaft und 5 gehäuften Esslöffeln Mehl verrühren. Den Backofen auf 200 °C (Umluft) vorheizen.

4. Die Masse zu 4 flachen Burgern formen. Ist die Burgermasse zu feucht, noch etwas mehr Mehl hinzufügen. Die Burger mit dem restlichen Mehl bestäuben und im Ofen 20–25 Minuten backen. Nach 10 Minuten wenden.

5. Die Essiggurken in Scheiben schneiden. Die Tomate waschen und ebenso in Scheiben schneiden. Die Zwiebel schälen und in feine Ringe schneiden. Die Buns die letzten 5 Minuten mit in den Backofen legen. Dann mit Senf und Ketchup oder Cocktailsauce bestreichen und mit Burgern, Essiggurken, Tomate und Zwiebel belegen.

! TIPP
Viel schneller geht es natürlich, wenn Bohnen aus der Dose verwendet werden. Einfach in ein Sieb schütten, kalt abspülen und abtropfen lassen.

Im Vergleich zu einer Version mit 750 g gemischtem Hackfleisch kommen ca. **9 €** ins Sparschwein. Außerdem spart ihr ca. **4,05 kg** Emissionen. Das entspricht einer Autofahrt von ca. **28 km**.

SPINAT-MAULTASCHEN
mit geschmolzenen Zwiebeln

FERTIG IN: CA. 1 STUNDE 30 MINUTEN

Für 4 Portionen

Für den Nudelteig:
350 g griffiges Mehl
(ersatzweise Weizenmehl
Type 405)
3 Eier (Gr. M)
1 Tl Salz

Für die Füllung:
150 g TK-Blattspinat
1 Zwiebel
1 El Butter
4 Stängel Petersilie
250 g Ricotta
1 Ei (Gr. M)
50 g Semmelbrösel
Salz
Pfeffer

Zum Servieren:
2 große Zwiebeln
1 El Butterschmalz
350 ml Gemüsebrühe
1 Bund Schnittlauch

Außerdem:
Mehl für die Arbeitsfläche
1 Eiweiß zum Bestreichen

1. Für den Nudelteig das Mehl auf die Arbeitsfläche geben. In die Mitte eine Mulde drücken. Eier und Salz dazugeben und mit dem Mehl verkneten, bis ein mittelfester Teig entstanden ist. Bei Bedarf 3–4 Esslöffel Wasser dazugeben. Der Teig sollte weder zu trocken, noch zu klebrig sein. Den Teig in eine Schüssel geben und mit einem feuchten Tuch abgedeckt 30 Minuten ruhen lassen.

2. Für die Füllung den Blattspinat auftauen lassen und gut ausdrücken, anschließend fein hacken. Die Zwiebel schälen und fein hacken. Die Butter in einer Pfanne erhitzen und die Zwiebel darin glasig anschwitzen. Die Petersilie waschen, trocken schütteln und die Blättchen fein hacken.

3. Spinat, Zwiebel, Petersilie, Ricotta, Ei und Semmelbrösel mischen. Mit Salz und Pfeffer würzen.

4. Den Teig auf einer bemehlten Arbeitsfläche mit einem Nudelholz in vier dünne, ca. 10 cm breite Bahnen ausrollen. Zwei Teigplatten im Abstand von 6 cm mit je etwa 1 gehäuften Teelöffel Füllung belegen. Die Zwischenräume mit verquirltem Eiweiß

Die schwäbischen gefüllten Nudeln überzeugen uns auch mit einer würzigen vegetarischen Spinat-Füllung. Serviert in einem deftigem Zwiebelsud steht dem Nudelglück nichts mehr im Wege!

bestreichen. Je eine unbelegte Teigplatte darüberlegen und zwischen den Füllungen jeweils gut zusammendrücken. In einzelne Maultaschen teilen und die Ränder rundherum mit den Zinken einer Gabel gut andrücken.

5. In einem großen Topf reichlich Salzwasser aufkochen. Die Maultaschen im leicht siedenden Wasser unter gelegentlichem Rühren ca. 15 Minuten garen.

6. Inzwischen die Zwiebeln schälen und in Ringe schneiden. In einer Pfanne das Butterschmalz erhitzen und die Zwiebeln darin goldbraun braten. Mit Salz und Pfeffer würzen, mit Brühe ablöschen und etwas verkochen lassen. Den Schnittlauch waschen, trocken schütteln und in Röllchen schneiden.

7. Die Maultaschen mit einem Schaumlöffel herausholen und in vier tiefe Teller verteilen. Den Zwiebelsud darüber verteilen und mit Schnittlauch bestreut servieren.

Im Vergleich zu einer Version mit 200 g gemischtem Hackfleisch und 200 g Brät kommen ca. **6,80 €** ins Sparschwein. Außerdem spart ihr ca. **0,9 kg** Emissionen. Das entspricht einer Autofahrt von ca. **6 km.**

BULGUR-LINSEN-KÖFTE
mit scharfem Minz-Dip

FERTIG IN: CA. 40 MINUTEN

Für 4 Portionen

Für die Köfte:
200 g rote Linsen
100 g Bulgur
Salz
1 Zwiebel
2 Knoblauchzehen
2 El Olivenöl
1 El Tomatenmark
1 Tl gemahlener
Kreuzkümmel
1 Tl Paprikapulver
4 Stiele Minze
4 Stiele Petersilie
Saft von ½ Zitrone
1 Tl Harissa
Pfeffer

Für den Minz-Dip:
½ Bund Minze
300 g Joghurt (1,5 %)
200 g Sauerrahm
Saft von ½ Zitrone
1 Tl Harissa
½ Tl gemahlener
Kreuzkümmel
Salz, Pfeffer

Außerdem:
2 Romanasalat-Herzen
zum Servieren

1. Die Linsen in 400 ml Wasser 7–10 Minuten köcheln lassen, bis sie weich sind. Abtropfen und auskühlen lassen. Den Bulgur in 200 ml leicht gesalzenem Wasser 15 Minuten köcheln lassen. Abtropfen und abkühlen lassen.

1. Für den Dip die Minze waschen, trocken schütteln und die Blätter fein hacken. Joghurt und Sauerrahm verrühren und mit Zitronensaft, Harissa, Kreuzkümmel, Salz und Pfeffer abschmecken. Die Minze unterrühren.

3. Die Zwiebel und die Knoblauchzehen schälen und fein hacken. In einem Topf das Öl erhitzen und Zwiebel und Knoblauch glasig anschwitzen. Tomatenmark, Kreuzkümmel und Paprikapulver zugeben und kurz anbraten. Die Kräuter waschen, trocken schütteln und die Blätter fein hacken.

4. Die Linsen und den Bulgur mit der Zwiebelmischung gut verkneten. Mit Petersilie, Minze, Zitronensaft, Harissa, Salz und Pfeffer abschmecken. Aus der Masse mit befeuchteten Händen ca. 16 fingerlange Köfte formen und diese etwas flach drücken.

5. Den Romanasalat in einzelne Blätter teilen, waschen und trocken schütteln. Zum Servieren die Köfte in ein Salatblatt legen und mit dem Minz-Dip servieren.

Im Vergleich zu einer Version mit 500 g Rinder-Hackfleisch kommen ca. **5,50 €** ins Sparschwein. Außerdem spart ihr ca. **5,9 kg** Emissionen. Das entspricht einer Autofahrt von ca. **28 km**.

FLEISCHKLASSIKER OHNE FLEISCH

SATÉ-SPIEßE
mit Erdnuss-Sauce

FERTIG IN: CA. 40 MINUTEN

Für 4 Portionen

Für die Spieße:

400 g Tofu
1 Knoblauchzehe
3 El Sojasauce
4 El Erdnussöl
1 Tl Sambal Oelek
Saft von ½ Limette

Für die Sauce:

1 Schalotte
1 Knoblauchzehe
1 El Erdnussöl
400 ml Kokosmilch
3 El Erdnussmus
2 Tl Sambal Oelek
Salz
4 Stiele Koriander
100 g gesalzene
Erdnüsse

Außerdem:

ca. 12 Holzspieße

1. Die Holzspieße in Wasser legen. Den Tofu in Würfel schneiden. Den Knoblauch schälen und fein hacken. Mit den restlichen Zutaten vermischen und die Tofuwürfel darin mindestens 30 Minuten marinieren.

2. Inzwischen für die Sauce die Schalotte und Knoblauchzehe schälen und fein hacken. Das Öl in einem Topf erhitzen und beides darin anschwitzen. Die Kokosmilch zugießen. Erdnussmus und Sambal Oelek unterrühren. Vorsichtig mit Salz abschmecken. Bei kleiner Hitze ca. 15 Minuten köcheln lassen.

3. Den Tofu gut abtropfen lassen und auf die Holzspieße ziehen. In der Grillpfanne oder auf dem Grill 4–5 Minuten von beiden Seiten grillen.

4. Den Koriander waschen, trocken schütteln und die Blättchen abzupfen. Die Erdnüsse grob hacken. Die Saté-Spieße mit der Erdnuss-Sauce anrichten und mit den Korianderblättern und Erdnüssen bestreut servieren.

Mit der richtigen Würz-Marinade wird aus Tofu ein schmackhafter Fleischersatz. Serviert mit der cremigen Erdnuss-Sauce steht er den thailändischen Saté-Spießen in nichts nach. Im Gegenteil – Asiafeeling garantiert!

Im Vergleich zu einer Version mit 400 g Hähnchenbrustfilet kommen ca. **8,50 €** ins Sparschwein. Außerdem spart ihr ca. **0,82 kg** Emissionen. Das entspricht einer Autofahrt von ca. **5 km**.

PULLED-JACKFRUIT-BURGER

FERTIG IN: CA. 40 MINUTEN

Für 4 Portionen
1 Zwiebel
1 Knoblauchzehe
1 El Sonnenblumenöl
400 g Jackfruit natur
1 Tl Kreuzkümmel
1 Tl geräuchertes
Paprikapulver
400 ml BBQ-Sauce,
siehe Rezept Seite 111
(ersatzweise fertige
vegetarische BBQ-Sauce)
Salz
Pfeffer

Zum Servieren:
4 Burger-Brötchen
(Brioche)
4 Salatblätter
1 Avocado

1. Die Zwiebel und die Knoblauchzehe schälen und fein hacken. Das Öl in einer Pfanne erhitzen und Zwiebel und Knoblauch darin anschwitzen. Die Jackfruit zugeben und anbraten. Mit Kreuzkümmel und Paprikapulver würzen. Die BBQ-Sauce dazugießen und 25 Minuten köcheln lassen. Mit Salz und Pfeffer abschmecken. Die Jackfruit mithilfe einer Gabel zerrupfen.

1. Inzwischen die Brötchen halbieren und die Schnittflächen in einer beschichteten Pfanne leicht anrösten. Die Salatblätter waschen und trocken tupfen. Die Avocado halbieren, den Kern entfernen, das Fruchtfleisch aus der Schale herauslösen und in Scheiben schneiden.

3. Die unteren Brötchenhälften mit einem Salatblatt belegen, dann die pulled Jackfruit und die Avocado daraufgeben. Mit der oberen Hälfte zudecken und servieren.

Im Vergleich zu einer Version mit 400 g Schweinefleisch kommen ca. **5 €** ins Sparschwein. Da es für die Jackfruit keine verlässlichen Werte zu CO_2-Emissionen gibt, kann (noch) kein Vergleich zu einem Pulled-Pork-Burger gezogen werden.

GEFÜLLTE ZUCCHINI
mit Quinoa

FERTIG IN: CA. 50 MINUTEN

Für 4 Portionen
100 g Quinoa
Salz
4 große Zucchini
(ca. 1 kg)
1 rote Spitzpaprika
100 g Mais aus der Dose
120 g Schafskäse
½ Bund Petersilie
50 g Sonnenblumenkerne
2 El Olivenöl
Pfeffer
150 ml Gemüsebrühe

1. Den Quinoa in einem feinen Sieb unter fließend heißem Wasser gründlich waschen. Mit 200 ml leicht gesalzenem Wasser in einen Topf geben und aufkochen. Bei kleiner Hitze ca. 15 Minuten köcheln lassen. Vom Herd ziehen und zugedeckt 5 Minuten ausquellen lassen.

2. Inzwischen die Zucchini waschen, längs halbieren und aushöhlen. Das Fruchtfleisch klein würfeln. Die Spitzpaprika putzen, waschen und ebenfalls klein würfeln. Den Mais in einem Sieb abspülen. Den Schafskäse klein würfeln. Die Petersilie waschen, trocken schütteln und die Blätter fein hacken. Den Backofen auf 200 °C (Umluft) vorheizen.

3. Quinoa mit Zucchinifruchtfleisch, Paprika, Mais, Schafskäse und Petersilie mischen. Die Sonnenblumenkerne und das Olivenöl unterheben. Mit Salz und Pfeffer würzen. Die Zucchinihälften salzen und pfeffern. Die Mischung in die ausgehöhlten Zucchini füllen.

4. Die gefüllten Zucchini in eine Auflaufform geben. Die Gemüsebrühe angießen. Im Backofen auf der mittleren Schiene 25–30 Minuten backen.

Im Vergleich zu einer Version mit 500 g gemischtem Hackfleisch kommen ca. **6 €** ins Sparschwein. Außerdem spart ihr ca. **2,68 kg** Emissionen. Das entspricht einer Autofahrt von ca. **19 km**.

BURRITOS
mit Bohnenmus, Reis und Tomaten-Avocado-Salsa

FERTIG IN: CA. 30 MINUTEN

Für 4 Portionen
150 g Basmatireis
Salz
100 g Cheddar
2 große Tomaten
2 Avocados
½ Bund Koriander
Saft von ½ Limette
8 Weizentortillas

Für das Bohnenmus:
1 Zwiebel
1 Knoblauchzehe
½ Chilischote
2 El Olivenöl
2 Dosen schwarze
Bohnen (Abtropfgewicht
je 240 g)
Saft von ½ Limette
1 Tl gemahlener
Kreuzkümmel
Salz
Pfeffer

Außerdem:
Sauerrahm zum Servieren
nach Belieben

1. Den Basmatireis in 300 ml Salzwasser bei kleiner Hitze zugedeckt nach Packungsanleitung garen.

2. Für das Bohnenmus die Zwiebel und Knoblauchzehe schälen und fein hacken. Die Chilischote putzen, waschen und fein hacken. Das Öl in einer Pfanne erhitzen und Chili, Zwiebel und Knoblauch anschwitzen. Vom Herd nehmen. Die Bohnen in ein Sieb schütten, abspülen und abtropfen lassen, dann mit der Zwiebelmischung und dem Limettensaft pürieren. Mit Kreuzkümmel, Salz und Pfeffer abschmecken.

3. Den Käse reiben. Die Tomaten waschen und klein würfeln. Die Avocados halbieren, den Kern entfernen und das Fruchtfleisch mithilfe eines Löffels herauslösen. Avocados klein würfeln. Koriander waschen, trocken schütteln und die Blätter fein hacken. Tomate, Avocado und Koriander mischen und mit Limettensaft, Salz und Pfeffer würzen.

4. Die Tortillafladen nach Packungsanleitung erwärmen und mit Bohnenmus bestreichen. Den Reis und die Tomaten-Avocado-Salsa mittig darauf verteilen. Mit Käse bestreuen. Die kurzen Seiten einschlagen und die Tortilla aufrollen. Nach Belieben mit einem Klecks Sauerrahm servieren.

>> Für die Burritos werden Tortillas normalerweise mit Hackfleisch gefüllt. Das funktioniert aber auch sehr lecker vegetarisch: dafür belegen wir die mexikanischen Klassiker mit einer würzigen Mischung aus Bohnenmus, Avocado-Salsa und Reis. <<

Im Vergleich zu einer Version mit 400 g Rinder-Hackfleisch kommen ca. **4 €** ins Sparschwein. Außerdem spart ihr ca. **2,1 kg** Emissionen. Das entspricht einer Autofahrt von ca. **14 km**.

MOUSSAKA
mit Auberginen und Kartoffeln

FERTIG IN: CA. 2 STUNDEN (DAVON CA. 1 STUNDE BACKZEIT)

Für 4 Portionen
1 Zwiebel
2 Knoblauchzehen
8 El Olivenöl
2 Dosen geschälte
Tomaten (Abtropfgewicht
je 240 g)
Salz
Pfeffer
2 Auberginen
600 g mehligkochende
Kartoffeln
200 g Schafskäse
50 g Butter
40 g Mehl
500 ml Milch
frisch geriebene
Muskatnuss
2 Zweige Rosmarin

Außerdem:
Auflaufform
Öl zum Fetten

1. Die Zwiebel und die Knoblauchzehen schälen und fein hacken. 2 Esslöffel Olivenöl in einem Topf erhitzen und Zwiebel und Knoblauch darin anschwitzen. Die Tomaten zugeben, mit Salz und Pfeffer würzen und 20 Minuten köcheln lassen.

2. Die Auberginen waschen, putzen und in 1 cm dicke Scheiben schneiden. Beidseitig salzen und auf ein Küchenpapier legen. Die Kartoffeln schälen und in ca. 2 mm dicke Scheiben hobeln.

3. In einer Pfanne 4 Esslöffel Olivenöl erhitzen. Die Auberginen trocken tupfen und nach und nach goldbraun anbraten, dabei das restliche Öl nachgießen. Mit Salz und Pfeffer würzen. Auf Küchenpapier abtropfen lassen.

4. Den Backofen auf 180 °C (Ober-/Unterhitze) vorheizen. Eine ofenfeste Backform ausfetten. Die Hälfte der Kartoffeln dachziegelartig in die Form schichten. Die Hälfte der Tomatensauce darübergeben und die Hälfte der Auberginen daraufschichten. Mit 100 g zerbröckeltem Schafskäse bestreuen. Die restlichen Auberginenscheiben daraufgeben, dann die Tomatensauce darübergießen und die übrigen Kartoffeln dachziegelartig daraufschichten.

5. Die Butter in einem Topf schmelzen lassen, Mehl darüberstäuben und hellgelb anschwitzen. Die Milch unter Rühren dazugießen, aufkochen und die Sauce bei schwacher Hitze 10 Minuten köcheln lassen. Den übrigen Schafskäse klein bröckeln und zugeben. Die Sauce nach Belieben pürieren und mit Muskatnuss, Salz und Pfeffer abschmecken. Die Sauce über die Moussaka geben. Die Rosmarinnadeln abzupfen, klein hacken und darüberstreuen. Im Backofen auf der mittleren Schiene 1 Stunde goldbraun backen, bei Bedarf mit Alufolie abdecken.

Im Vergleich zu einer Version mit 500 g gemischtem Hackfleisch kommen ca. **6,80 €** ins Sparschwein. Außerdem spart ihr ca. **2,79 kg** Emissionen. Das entspricht einer Autofahrt von ca. **10 km**.

KARTOFFELGULASCH
Szegediner Art

FERTIG IN: CA. 50 MINUTEN

Für 4–6 Portionen

½ Gemüsezwiebel

1 rote Paprikaschote

800 g mehligkochende
Kartoffeln

2 El Olivenöl

20 g Tomatenmark

1 Tl brauner Zucker

400 g stückige Tomaten
aus der Dose

300 ml Gemüsebrühe

1 Tl edelsüßes
Paprikapulver

2 Lorbeerblätter

3 Nelken

3 Pimentkörner

250 g abgetropftes
Sauerkraut (vorgegart,
abgetropft)

Salz

Pfeffer

1. Die Zwiebel schälen und hacken. Die Paprikaschote halbieren, putzen, waschen und in dünne Streifen schneiden. Die Kartoffeln schälen, waschen und in grobe Stücke schneiden.

1. Das Öl in einem Topf erhitzen und die Zwiebel darin unter Rühren etwa 5 Minuten andünsten. Tomatenmark und Zucker hinzurühren und etwa 2 Minuten mitdünsten. Stückige Tomaten, Gemüsebrühe, Kartoffeln, Paprikapulver, Lorbeerblätter, Nelken und Piment dazugeben und alles etwa 10 Minuten im geschlossenen Topf garen, dabei ab und an umrühren.

3. Paprika und Sauerkraut dazugeben und alles weitere 15 Minuten garen, bis die Kartoffeln weich sind. Ab und an umrühren. Mit Salz und Pfeffer abschmecken.

> Hier kommt wieder etwas aus der Kategorie: einfach, günstig, super-schmackhaft! Mit Sauerkraut und leckeren Kartoffeln ist unser Gulasch herrlich wärmend und obendrein gesund.

 TIPP
Manchmal ersetze ich einen Teil der Kartoffeln durch Süßkartoffeln. Das schmeckt super zum Sauerkraut!

Im Vergleich zu einer Version mit 500 g Schweinefleisch kommen ca. **7 €** ins Sparschwein. Außerdem spart ihr ca. **1,88 kg** Emissionen. Das entspricht einer Autofahrt von ca. **13 km**.

LINSEN-WALNUSS-BRATEN
mit Kartoffelbrei

FERTIG IN: CA. 1 STUNDE 25 MINUTEN (DAVON CA. 40 MINUTEN BACKZEIT)

Für 4 Portionen

Für den Braten:
30 g geschroteter
Leinsamen
150 g Berglinsen
Salz, 1 Zwiebel
1 Knoblauchzehe, 1 Möhre
100 g Champignons
50 g Walnüsse
1 El Olivenöl
Pfeffer, 2 Eier (Gr. M)
50 g Semmelbrösel
2 Tl mittelscharfer Senf
1 Tl getrockneter
Thymian
1 Tl getrockneter Oregano

Für den Kartoffelbrei:
1 kg mehligkochende
Kartoffeln
Salz
100 ml Milch, 100 g Butter
Salz, Pfeffer
frisch geriebene
Muskatnuss

Außerdem:
Kastenform (ca. 25 cm)
Butter für die Form
Preiselbeeren
zum Servieren

1. Die Leinsamen mit 60 ml Wasser übergießen und bis zur weiteren Verwendung quellen lassen. Die Linsen abspülen und mit 350 ml Salzwasser 30 Minuten bei kleiner Hitze gar kochen. Abgießen und mit einem Kartoffelstampfer oder einer Gabel grob zerdrücken.

2. Zwiebel und Knoblauchzehe schälen und fein hacken. Die Möhre putzen, schälen und fein raspeln. Die Champignons abreiben, putzen und klein würfeln. Die Walnüsse grob hacken.

3. Das Öl in einer Pfanne erhitzen und Zwiebel und Knoblauch anschwitzen. Möhre und Champignons zugeben und anbraten. Mit Salz und Pfeffer würzen.

4. Den Backofen auf 200 °C (Ober-/Unterhitze) vorheizen. Die Backform fetten. Die Linsen mit Leinsamen und Pilzgemüse mischen. Die restlichen Braten-Zutaten zugeben und alles gründlich vermengen. Die Masse in die Form füllen, fest andrücken und auf der mittleren Schiene im Backofen ca. 40 Minuten backen. Die Form aus dem Ofen nehmen und 5–10 Minuten stehen lassen, dann stürzen und den Braten in Scheiben schneiden.

5. Für den Kartoffelbrei die Kartoffeln schälen, waschen, vierteln und in gesalzenem Wasser zugedeckt 15–20 Minuten gar kochen. Inzwischen Milch mit Butter in einem Topf erhitzen. Die Kartoffeln abgießen und durch die Kartoffelpresse drücken oder mit dem Kartoffelstampfer zerkleinern. Die heiße Milchmischung nach und nach unter die Kartoffeln rühren. Mit Salz, Pfeffer und Muskat würzen. Den Linsenbraten mit Kartoffelbrei und Preiselbeeren servieren.

Im Vergleich zu einer Version mit 500 g gemischtem Hackfleisch kommen ca. **5,30 €** ins Sparschwein. Außerdem spart ihr ca. **3,75 kg** Emissionen. Das entspricht einer Autofahrt von ca. **26 km**.

Im Vergleich zu einer Version mit 500 g gemischtem Hackfleisch kommen ca. **5,10 €** ins Sparschwein. Außerdem spart ihr ca. **2,24 kg** Emissionen. Das entspricht einer Autofahrt von ca. **15 km**.

BOHNEN-PFLANZERL
mit gratinierten Polentaecken

FERTIG IN: CA. 1 STUNDE 20 MINUTEN

Für 4 Portionen

Für die Polentaecken:
500 ml Gemüsebrühe
150 g Polenta (Maisgrieß)
70 g geriebener
italienischer Hartkäse (für
Vegetarier geeignet,
z. B. Montello)
Salz
Pfeffer

Für die Pflanzerl:
1 Dose schwarze Bohnen
(Abtropfgewicht 240 g)
1 Zwiebel
1 Knoblauchzehe
150 g Champignons
3 El Olivenöl
Salz
Pfeffer
½ Bund Koriander
(ersatzweise Petersilie)
1 Tl Hefeflocken
30 g feine Haferflocken

Zum Servieren:
vegetarische BBQ-Sauce
(siehe Seite 111)
oder Ajvar

1. Für die Polenta ein Backblech mit Backpapier auslegen. Die Gemüsebrühe aufkochen, Polenta unter Rühren einrieseln lassen und nochmals aufkochen lassen. Vom Herd nehmen und 30 g Käse unterrühren, mit Salz und Pfeffer würzen und 5 Minuten ausquellen lassen. Die Polentamasse ca. 1 cm dick auf das Backpapier streichen (ca. 18 x 30 cm) und 30 Minuten abkühlen lassen.

1. Inzwischen für die Pflanzerl die Bohnen in ein Sieb abgießen, abspülen und abtropfen lassen. In einer Schüssel mit einer Gabel fein zerdrücken. Zwiebel und Knoblauchzehe schälen und fein hacken. Die Champignons putzen und fein hacken.

3. 1 Esslöffel Öl in einer Pfanne erhitzen und Zwiebel mit Knoblauch darin anschwitzen. Die Pilze zugeben und 4–5 Minuten scharf anbraten. Mit Salz und Pfeffer würzen. Vom Herd nehmen und etwas abkühlen lassen.

4. Den Koriander waschen, trocken schütteln und fein hacken. Die Bohnen mit der Pilzmischung, Koriander, Hefeflocken und Haferflocken zu einer Masse verkneten. Mit Salz und Pfeffer abschmecken. Bei Bedarf noch etwas mehr Haferflocken zufügen. Aus der Masse mit angefeuchteten Händen 4 Bratlinge formen.

5. Den Backofen auf 220 °C (Ober-/Unterhitze) vorheizen. Ein Backblech mit Backpapier auslegen. Die Polentamasse in Quadrate schneiden und diese zu Dreiecken halbieren. Auf das Backpapier legen und mit dem restlichen Käse bestreuen. Im Backofen auf der mittleren Schiene 20 Minuten überbacken.

6. Das restliche Öl in einer Pfanne erhitzen und die Pflanzerl von jeder Seite 4–5 Minuten braten. Die Veggie-Pflanzerl mit der überbackenen Polenta anrichten und nach Belieben mit BBQ-Sauce oder Ajvar servieren.

PILZ-GYROS
mit Zaziki im Pitabrot

FERTIG IN: CA. 50 MINUTEN

Für 4 Portionen

Für das Zaziki:
½ Salatgurke
3 Knoblauchzehen
200 g Joghurt (3,5 %)
250 g Quark (20 %)
Salz
Pfeffer

Für das Gyros:
600 g Kräuterseitlinge
1 rote Zwiebel
1 Knoblauchzehe
3 El Olivenöl
1 Tl gemahlener
Kreuzkümmel
1 Tl Paprikapulver
edelsüß
1 Tl getrockneter
Oregano
1 Tl getrockneter
Thymian
Pfeffer
Salz
4 Pitabrote

1. Für das Zaziki die Gurke schälen, längs halbieren, die Kerne mithilfe eines Löffels herauskratzen und den Rest grob raspeln. Den Knoblauch schälen und durch die Presse drücken. Joghurt mit Quark verrühren. Gurkenraspel und Knoblauch unterrühren. Mit Salz und Pfeffer abschmecken.

2. Für das Pilzgyros die Kräuterseitlinge putzen und mithilfe einer Gabel in dünne Streifen zerrupfen. Zwiebel und Knoblauch schälen. Die Zwiebel in feine Ringe schneiden, den Knoblauch klein hacken.

3. Das Olivenöl in einer Pfanne erhitzen und den Knoblauch darin anschwitzen. Die Pilze zugeben und rundherum 8–10 Minuten braten. Mit den Gewürzen und etwas Salz würzen.

4. Die Pitabrote nach Belieben rösten und aufschneiden. Mit Pilzgyros, Zwiebelringen und Zaziki füllen und sofort servieren.

> Kräuterseitlinge sind mit ihrem festen Fleisch die perfekte Alternative für den fleischlosen griechischen Klassiker. Wir sind hin und weg von diesem Pilz-Gyros im Fladenbrot.

Im Vergleich zu einer Version mit 500 g Schweinefleisch kommt zwar nichts ins Sparschwein, aber in punkto Emissionen spart ihr ca. **1,29 kg**. Das entspricht einer Autofahrt von ca. **9 km**.

Im Vergleich zu einer Version mit 100 g Schinken kommen ca. **2 €** ins Sparschwein. Außerdem spart ihr ca. **0,26 kg** Emissionen. Das entspricht einer Autofahrt von ca. **1 km**.

STRAMMER MAX
Veggie-Style

FERTIG IN: CA. 15 MINUTEN

Für 4 Portionen
1 Avocado
1 El Zitronensaft
Salz
Pfeffer
Cayennepfeffer nach Belieben
1 Tomate
1 kleines Bund Schnittlauch
4 Gewürzgurken
2 El Butter
4 Eier (Gr. M)
4 Scheiben dunkles Sauerteigbrot

1. Die Avocado halbieren, den Kern herauslösen. Das Fruchtfleisch aus der Schale holen, mit einer Gabel zerdrücken und mit Zitronensaft, Salz, Pfeffer und Cayennepfeffer abschmecken.

2. Die Tomate waschen und in Scheiben schneiden. Den Schnittlauch waschen, trocken schütteln und in Röllchen schneiden. Die Gewürzgurken in Scheiben schneiden.

3. Die Butter in einer Pfanne bei mittlerer Hitze schmelzen lassen und die Eier nacheinander hineinschlagen. Die Spiegeleier 3–4 Minuten braten, bis das Eiweiß fest ist. Das Eigelb sollte noch etwas weich sein.

4. Die Brote mit dem Avocadomus bestreichen. Die Eier auf die Brote setzen, mit Salz und Pfeffer würzen. Mit dem Schnittlauch bestreuen und mit den Tomaten und Gewürzgurken servieren.

> Die vegetarische Deluxe-Version des bodenständigen Originals mit cremiger Avocado, frischer Tomate und herzhaften Essiggurken. Kommt immer auf den Tisch, wenn es schnell gehen und trotzdem deftig sein soll.

Im Vergleich zu einer Version mit 500 g Rindfleisch kommen ca. **5 €** ins Sparschwein. Außerdem spart ihr ca. **6,11 kg** Emissionen. Das entspricht einer Autofahrt von ca. **43 km**.

SEITAN-GULASCH
Surprise

FERTIG IN: CA. 50 MINUTEN

Für 4 Portionen

2 kleine Zwiebeln
3–4 Knoblauchzehen
1 rote Paprikaschote
1 grüne Paprikaschote
2 El Olivenöl
300 g Seitan
2 El edelsüßes Paprikapulver
1 Tl Meersalz
Pfeffer
800 g stückige Tomaten aus der Dose
250 g abgetropftes Sauerkraut
400 g Hartweizengrieß- oder Dinkelpasta
½ Bund Dill
200 g Sauerrahm

1. Die Zwiebeln und die Knoblauchzehen schälen und klein würfeln. Die Paprikaschoten längs halbieren, putzen, waschen und in kleine Würfel schneiden. Zwiebeln, Knoblauch und Paprikawürfel im Olivenöl andünsten, bis die Zwiebeln leicht braun werden.

2. Den Seitan würfeln und zusammen mit dem Paprikapulver dazugeben. 2 Minuten mitdünsten. Salz, Pfeffer, die Tomaten mit der Flüssigkeit und das abgetropfte Sauerkraut einrühren. Das Gulasch 25–30 Minuten halb abgedeckt köcheln lassen. Sollte es zu trocken werden, evtl. noch etwas Wasser zugeben.

3. Die Pasta nach Packungsanleitung in reichlich Salzwasser al dente kochen. Den Dill waschen, trocknen und fein hacken.

4. Vor dem Servieren 1–2 Esslöffel Sauerrahm unter das Gulasch rühren. Die Pasta mit dem Gulasch auf Tellern anrichten und mit je einem Klecks Sauerrahm und dem gehackten Dill servieren.

Seitan ist ein toller Fleischersatz. Richtig gewürzt ist er von Fleisch wirklich kaum zu unterscheiden. Und was viele nicht wissen: In Japan hat Seitan eine sehr lange Tradition. Für Menschen mit einer Glutenunverträglichkeit ist er nichts – alle anderen sollten ihn unbedingt mal probieren!

ZÜRICHER PILZGESCHNETZELTES
mit Berner Rösti

FERTIG IN: CA. 1 STUNDE

Für 4 Portionen

Für die Rösti:

1 kg festkochende
Kartoffeln
1 Zwiebel
Salz
Pfeffer
3 El Butterschmalz

**Für das
Geschnetzelte:**

600 g Kräuterseitlinge
1 Zwiebel
2 El Butterschmalz
Salz
Pfeffer
125 ml Gemüsebrühe
250 ml Sahne

Im Vergleich zu einer Version mit 500 g Kalbfleisch kommen ca. **6 €** ins Sparschwein. Außerdem spart ihr ca. **3,21 kg** Emissionen. Das entspricht einer Autofahrt von ca. **22 km**.

1. Für die Rösti die Kartoffeln waschen, in einen Topf geben und je nach Größe 15–20 Minuten nicht ganz gar kochen. Abgießen und mit Schale abkühlen lassen.

1. Die Kartoffeln schälen und auf einer Reibe grob in eine Schüssel raspeln. Die Zwiebel schälen und fein hacken. Alles vermischen und mit Salz und Pfeffer würzen.

3. In einer großen Pfanne 2 Esslöffel Schmalz erhitzen. Die Masse hineingeben und flach drücken. Bei kleiner Hitze ca. 15 Minuten braten, bis die Unterseite goldgelb ist. Das Rösti auf einen Teller gleiten lassen. Das restliche Butterschmalz in der Pfanne erhitzen und das Rösti umgedreht wieder in die Pfanne geben. In ca. 15 Minuten fertig braten.

4. In der Zwischenzeit die Pilze abreiben, putzen und in Streifen schneiden. Die Zwiebel schälen und fein hacken.

5. Das Butterschmalz in der Pfanne erhitzen und die Zwiebel darin glasig anschwitzen. Die Pilze hinzufügen und so lange scharf anbraten, bis die Flüssigkeit verdampft ist. Mit Salz und Pfeffer würzen. Mit Gemüsebrühe aufgießen und bei starker Hitze etwas einkochen lassen. Die Sahne zufügen und alles etwa 5 Minuten kochen lassen, bis die Sauce cremig wird. Die Hitze reduzieren und nochmals abschmecken.

6. Das Rösti zum Servieren in Kuchenstücke teilen und mit dem Pilzgeschnetzeltem servieren.

Kinderhits
AUF VEGETARISCH

Von Mac'n'Cheese bis zu Spaghetti-Muffins, vom Cheeseburger bis zu Würstchen im Schlafrock, vom Wrap bis zu
Quesadillas: In diesem Kapitel gibt es Lieblingsrezepte,
bei denen ganz besonders die Herzen der Kinder höher-
schlagen. Ob für unterwegs, die nächste Party oder eine
leckere Hauptmahlzeit – bei diesen vegetarischen
Rezepten ist gute Laune garantiert.

SOJA-HACKBÄLLCHEN
mit Kartoffelwedges

FERTIG IN: CA. 1 STUNDE 30 MINUTEN (DAVON CA. 30 MINUTEN BACKZEIT)

Für 4 Portionen

Für die Hackbällchen:

100 g feine Sojaschnetzel
200 ml heiße Gemüsebrühe
1 Zwiebel
1 Knoblauchzehe
2 El Olivenöl
2 El Tomatenmark
1 Tl Paprikapulver edelsüß
30 g Semmelbrösel
1 Tl mittelscharfer Senf
1 Tl getrockneter Oregano
1 Ei (Größe M)
Salz, Pfeffer

Für die Kartoffelwedges:

1 kg festkochende
Kartoffeln
1 Tl Paprikapulver edelsüß
2 El Öl, 1 Tl Salz

Für die Tomatensauce:

1 Zwiebel
1 Knoblauchzehe
1 El Olivenöl
1 El Tomatenmark
2 Dosen stückige Tomaten
(Abtropfgewicht je 240 g)
1 Tl getrockneter Oregano
Salz, Pfeffer
1 Bund Basilikum

1. Die Sojaschnetzel mit der heißen Gemüsebrühe übergießen und ca. 15 Minuten quellen lassen.

2. Inzwischen die Zwiebel und Knoblauchzehe schälen und fein hacken. 1 Esslöffel Öl in einer Pfanne erhitzen und Zwiebel und Knoblauch darin anschwitzen. Tomatenmark und Paprikapulver zugeben und kurz anrösten. Abkühlen lassen.

3. Für die Wedges den Backofen auf 200 °C (Ober-/Unterhitze) vorheizen. Ein Backblech mit Backpapier auslegen. Die Kartoffeln unter fließendem Wasser gut abbürsten und in ca. 1 cm breite Spalten schneiden. Mit Paprikapulver, Öl und Salz mischen und mit den Kartoffeln vermengen. Auf dem Backpapier verteilen und im Backofen auf der mittleren Schiene 25–30 Minuten backen.

4. Die Sojaschnetzel in ein Sieb geben und gut ausdrücken. Mit Zwiebelmischung, Semmelbrösel, Senf, Oregano und Ei mischen. Mit Salz und Pfeffer abschmecken. Mit feuchten Händen ca. 12 Bällchen formen.

5. 1 Esslöffel Öl in der Pfanne erhitzen und die Bällchen rundherum 3–4 Minuten anbraten. Herausnehmen und beiseitestellen.

6. Für die Sauce Zwiebel und Knoblauch schälen und hacken. Das Öl erhitzen und beides darin anschwitzen. Tomatenmark hinzufügen und kurz anrösten. Die stückigen Tomaten dazugeben und mit Oregano, Salz und Pfeffer würzen. 10 Minuten köcheln lassen.

7. Inzwischen das Basilikum waschen, trocken schütteln, die Blätter abzupfen und fein hacken. Die Sojabällchen in die Sauce geben und erwärmen. Das Basilikum unterrühren und die Sojahackbällchen mit den Kartoffelwedges servieren.

Im Vergleich zu einer Version mit 500 g gemischtem Hackfleisch kommen ca. **6,50 €** ins Sparschwein. Außerdem spart ihr ca. **2,66 kg** Emissionen. Das entspricht einer Autofahrt von ca. **19 km**.

TOFU-NUGGETS
mit selbst gemachten Pommes

FERTIG IN: CA. 1 STUNDE

Für 4 Portionen

Für die Pommes:
1 kg festkochende
Kartoffeln
Salz

Für die Nuggets:
800 g Tofu
2 Eier (Gr. M)
Salz
80 g Mehl (Type 405)
1 El Paprikapulver
edelsüß
100 g Panko (ersatzweise
Semmelbrösel)

Außerdem:
Sonnenblumenöl
zum Frittieren
Ketchup und Mayonnaise
zum Servieren

1. Die Kartoffeln schälen und in gleichmäßige Stäbchen schneiden. Waschen und mit einem Küchentuch gut trocken tupfen.

2. Für die Nuggets den Tofu trocken tupfen und in Würfel schneiden. Die Eier mit Salz verquirlen und in eine Schüssel geben. In einer weiteren Schüssel das Mehl mit dem Paprikapulver vermischen und in der letzten Schüssel das Panko verteilen.

3. Die Tofu-Nuggets nacheinander in der Mehlmischung, dann in Ei und zuletzt in Panko wenden.

4. Das Öl in einem weiten Topf heiß werden lassen. Zur Probe einen hölzernen Kochlöffel hineinhalten. Wenn sich rundherum Bläschen bilden, ist das Fett heiß genug.

5. Zuerst die Kartoffelstäbchen portionsweise ca. 3 Minuten vorfrittieren, bis sie weich sind. Herausnehmen. Die Temperatur auf 180 °C erhöhen und die Pommes nochmals portionsweise in 2 Minuten goldbraun frittieren. Herausnehmen, abtropfen lassen und mit Salz würzen.

6. Zuletzt die Nuggets im heißen Öl portionsweise 4–5 Minuten goldbraun frittieren. Mit einem Schaumlöffel herausholen und auf einem Küchenpapier abtropfen lassen. Die Pommes mit den Tofu-Nuggets, Ketchup und Mayonnaise servieren.

Im Vergleich zu einer Version mit 800 g Hähnchenbrustfilet kommen ca. **17 €** ins Sparschwein. Außerdem spart ihr ca. **1,63 kg** Emissionen. Das entspricht einer Autofahrt von ca. **11 km**.

Der schnellste und einfachste Partysnack, der auch ganz einfach vegetarisch funktioniert. Am liebsten dippen wir die eingewickelten Würstchen in die würzig-rauchige BBQ-Sauce. Wenn es schnell gehen soll, dann tut es auch Ketchup.

WÜRSTCHEN IM SCHLAFROCK
mit BBQ-Sauce

FERTIG IN: CA. 30 MINUTEN

Für 4 Portionen

Für die Würstchen:

1 Rolle Blätterteig
(ca. 270 g)
1 Ei (Gr. M)
12 vegetarische Würst-
chen (z. B. Frankfurter
aus Seitan)

**Für die BBQ-Sauce
(ca. 400 ml):**

1 Zwiebel
2 Knoblauchzehen
1 El Olivenöl
1 El Tomatenmark
50 ml Honig
3 El Apfelessig
100 ml Apfelsaft
300 ml Ketchup
1 Tl Cayennepfeffer
1 El geräuchertes
Paprikapulver
Salz
Pfeffer

1. Den Backofen auf 220 °C (Ober-/Unterhitze) vorheizen. Ein Backblech mit Backpapier auslegen.

2. Den Blätterteig entrollen und der Breite nach in 12 gleich große Streifen schneiden. Das Ei verquirlen und die Streifen mit Ei bestreichen. Die Teigstreifen spiralförmig um die Würstel wickeln. Den Teig nochmals mit Ei bestreichen. Auf das Backpapier legen und im Backofen auf der mittleren Schiene 15 Minuten backen.

3. Für die Sauce die Zwiebel und die Knoblauchzehen schälen und fein hacken. Das Öl in einer Pfanne erhitzen und Zwiebel, Knoblauch und Tomatenmark anbraten. Honig zufügen und mit Essig und Apfelsaft ablöschen. Das Ketchup zufügen und mit Cayennepfeffer, Paprikapulver, Salz und Pfeffer abschmecken. Die Sauce 5 Minuten köcheln lassen.

4. Die Sauce noch heiß in ein gründlich gesäubertes Einmach-glas oder in eine Twist-off-Flasche füllen, verschließen, auskühlen lassen. Im Kühlschrank aufbewahren. Die Sauce hält sich geöffnet 1–2 Wochen. Die Würstchen mit der BBQ-Sauce servieren.

Im Vergleich zu einer Version mit 600 g Wiener kommt zwar nichts ins Sparschwein, dafür spart ihr ca. **1,68 kg** Emissionen. Das entspricht einer Autofahrt von ca. **11 km**.

ZUCCHINI-KARTOFFEL-PUFFER
mit Schnittlauchquark

FERTIG IN: CA. 40 MINUTEN

Für 4 Portionen

600 g festkochende
Kartoffeln
350 g feste Zucchini
5 El Weizenmehl
4 Eier (Gr. M)
Salz
Pfeffer
1 Bund Schnittlauch
1 Schalotte
3 El Öl
400 g Quark (10 %)
einige Spritzer
Zitronensaft

1. Die Kartoffeln schälen und auf der Kartoffelreibe fein raspeln. Auf ein Küchentuch geben und die Flüssigkeit ausdrücken. Die Kartoffelraspel in eine Schüssel geben.

1. Die Zucchini waschen, putzen, ebenfalls fein raspeln, zu den Kartoffeln geben und alles gut miteinander vermischen. Das Mehl darübersieben und gleichmäßig untermengen.

3. Die Eier in einer Schüssel kräftig verquirlen und dann zu der Zucchini-Kartoffel-Masse geben. Alles gut miteinander vermengen und mit Salz und Pfeffer würzen.

4. Den Schnittlauch in feine Röllchen schneiden. Die Schalotte schälen, halbieren und fein würfeln. 1 Esslöffel Öl in einer Pfanne erhitzen und die Schalottenwürfel darin glasig andünsten. Den Quark in eine Schüssel geben und mit den gedünsteten Schalottenwürfeln und den Schnittlauchröllchen verrühren. Mit einigen Spritzern Zitronensaft, Salz und Pfeffer abschmecken.

5. Das übrige Öl in einer großen Pfanne erhitzen. Aus dem Teig 12 Puffer formen und im heißen Öl von jeder Seite 3 Minuten goldbraun braten. Die Puffer auf etwas Küchenpapier abtropfen lassen. Auf Tellern anrichten und mit dem Schnittlauchquark servieren.

>> Yummie! Ein Püffer-
chen geht immer – und
macht einfach alle glücklich.
Mit leckerem Schnittlauchquark
schmeckt alles gleich auch schön
frisch – und die Kombination
Kartoffeln und Quark liefert
zudem besonders wert-
volles Eiweiß. <<

QUESADILLAS

mit Guacamole

FERTIG IN: CA. 30 MINUTEN

Für 4 Portionen

Für die Guacamole:
1 Knoblauchzehe
½ rote Zwiebel
1 Tomate
½ Bund Koriandergrün
2 Avocados
Saft von ½ Zitrone
Salz
Pfeffer

Für die Quesadillas:
2 rote Paprikaschoten
200 g Mais aus
dem Glas
8 Stück Weizentortillas
300 g geriebener Käse
(z. B. Gouda oder
Cheddar)

1. Für die Guacamole die Knoblauchzehe schälen und fein hacken. Die Zwiebel schälen und fein hacken. Die Tomate waschen, putzen und klein würfeln. Den Koriander waschen, trocken schütteln und die Blättchen fein hacken.

2. Die Avocados halbieren, die Kerne entfernen und das Fruchtfleisch mithilfe eines Löffels herauslösen. Mit der Gabel grob zerdrücken. Die vorbereiteten Zutaten unterrühren und mit Zitronensaft, Salz und Pfeffer abschmecken.

3. Für die Quesadillas die Paprika putzen, waschen und klein würfeln. Den Mais abgießen und abtropfen lassen. Eine Pfanne erhitzen und einen Wrap hineinlegen. Je ein Viertel von Paprika, Mais und Käse darauf verteilen. Mit einem weiteren Wrap bedecken. Sobald der Käse anfängt zu schmelzen, wenden. Mit den restlichen Wraps ebenso verfahren.

4. Die Quesadillas vierteln und mit der Guacamole servieren.

>> Soulfood mit ganz viel leckerem geschmolzenem Käse. Quesadillas sind einer unserer Favoriten, wenn es schnell gehen soll. Im Sommer auch gerne vom Grill. «

CHEESEBURGER
mit Hafer-Pattys

FERTIG IN: CA. 40 MINUTEN

Für 4 Portionen
Für die Pattys:
150 g feine Haferflocken

350 ml heiße Gemüsebrühe

1 Knoblauchzehe

1 Zwiebel

1 Möhre

2 El Olivenöl

1 Ei (Gr. M)

30 g Semmelbrösel

2 Tl mittelscharfer Senf

Salz

Pfeffer

1 El frisch gehackte Petersilie

3 El Rapsöl

Außerdem:
4 Burger-Brötchen

2 Tomaten

1 Zwiebel nach Belieben

4 Salatblätter

4 El Mayonnaise

4 Scheiben junger Gouda

Ketchup

1. Die Haferflocken in eine Schüssel geben und die heiße Gemüsebrühe darübergießen. 30 Minuten zugedeckt quellen lassen. Knoblauch und Zwiebel schälen und fein hacken. Die Möhre putzen, schälen und fein raspeln.

2. Das Öl in einer Pfanne erhitzen und Knoblauch, Zwiebel und Möhre anschwitzen. Zu den Haferflocken geben. Das Ei und die Semmelbrösel zufügen und mit Senf, Salz, Pfeffer und Petersilie würzen. Alles zu einer Masse vermengen und daraus 4 Bratlinge formen. Bei Bedarf etwas mehr Semmelbrösel untermischen. In einer Pfanne das Rapsöl erhitzen und die Bratlinge beidseitig in 10 Minuten braten.

3. Inzwischen die Brötchen halbieren und die Schnittflächen nach Belieben leicht anrösten. Die Tomaten waschen, die Stielansätze entfernen und das Fruchtfleisch in Scheiben schneiden. Die Zwiebel schälen und in dünne Ringe schneiden. Salatblätter waschen und trocken tupfen.

4. Die unteren Brötchenhälften mit Mayonnaise bestreichen, je 1 Salatblatt daraufgeben und 1 Bratling daraufsetzen. Käse, Tomaten und Zwiebel darübergeben. Etwas Ketchup daraufgeben, die oberen Hälften auflegen und leicht andrücken.

Im Vergleich zu einer Version mit 500 g gemischtem Hackfleisch kommen ca. **6,50 €** ins Sparschwein. Außerdem spart ihr ca. **2,58 kg** Emissionen. Das entspricht einer Autofahrt von ca. **18 km**.

Burger ohne Fleisch? Mit diesen aromatischen Hafer-Pattys werden die Cheeseburger lecker wie nie!

NACHO-BOWL
mit BBQ-Bohnen

FERTIG IN: CA. 30 MINUTEN

Für 4 Portionen
4 Weizentortillas
2 Avocados
Saft von 1 Zitrone
Salz, Pfeffer
100 g Cheddar
½ Bund Koriandergrün
(ersatzweise Petersilie)
125 g Sauerrahm

Für die BBQ-Bohnen:
1 Zwiebel
1 Knoblauchzehe
je 1 Dose weiße und
schwarze Bohnen (Ab-
tropfgewicht je 240 g)
1 El Olivenöl
3 El Tomatenmark
1–2 Tl geräuchertes
Paprikapulver
1 Tl gemahlener
Kreuzkümmel
Salz, Pfeffer
Chiliflocken nach
Belieben

Außerdem:
4 ofenfeste kleine
Förmchen
Olivenöl zum
Bestreichen

1. Den Backofen auf 180 °C (Ober-/Unterhitze) vorheizen. Vier ofenfeste kleine Förmchen umgekehrt auf ein Backblech verteilen.

2. Die Tortillafladen auf einer Seite mit Öl bestreichen. Mit der eingeölten Seite über die Förmchen legen und fest andrücken. Im Backofen auf der mittleren Schiene 6–8 Minuten rösten. Aus dem Ofen nehmen und abkühlen lassen.

3. Für die Bohnen Zwiebel und Knoblauch schälen und fein hacken. Die Bohnen abgießen, abspülen und abtropfen lassen.

4. In einer Pfanne das Olivenöl erhitzen und Zwiebel und Knoblauch darin anschwitzen. Das Tomatenmark zugeben und kurz anrösten. 150 ml Wasser aufgießen, die Bohnen zugeben und aufkochen lassen. Bei mittlerer Hitze offen 5–7 Minuten köcheln lassen. Mit Paprika, Kreuzkümmel, Salz und Pfeffer würzen. Nach Belieben mit Chiliflocken abschmecken.

5. Die Avocados halbieren, den Kern entfernen und das Fruchtfleisch mithilfe eines Löffels herauslösen. Fruchtfleisch würfeln und mit Zitronensaft, Salz und Pfeffer abschmecken.

6. Den Käse grob reiben. Den Koriander waschen, trocken schütteln und die Blättchen fein hacken.

7. Die Tortillas von den Förmchen lösen und umdrehen. Mit den BBQ-Bohnen und der Guacamole füllen. Einen Klecks Sauerrahm auf die Bohnen geben. Mit Cheddar und dem Koriander bestreuen. Alles aus der Bowl löffeln und Stücke von der Bowl abbrechen und dazu essen.

Wir lieben Nachos und haben daraus eine Bowl gezaubert. Gefüllt mit rauchigen BBQ-Bohnen, Guacamole und würzigem Cheddar ist sie perfekt für den Filmabend daheim.

KARTOFFEL-MAIS-PFANNE
mit Schafskäsedip

FERTIG IN: CA. 1 STUNDE

Für 4 Portionen
2 Knoblauchzehen
100 g Schafskäse
300 g Naturjoghurt (3,5 %)
100 g zimmerwarme Butter
4 Maiskolben
500 g kleine Kartoffeln
Salz
Pfeffer

1. Den Knoblauch schälen und durch die Knoblauchpresse drücken. Den Schafskäse fein würfeln oder zerbröseln und mit Knoblauch und Joghurt in eine Schüssel geben und vermengen.

1. Eine große oder zwei kleine Pfannen gleichmäßig mit der Butter ausstreichen. Den Mais von Blättern und Bart befreien und die Enden abschneiden. Die Kartoffeln gründlich waschen, trocknen und halbieren. Die Maiskolben mittig in der Pfanne platzieren, die Kartoffeln mit der Schnittfläche nach unten drumherum anordnen. Die Pfanne mit so viel Wasser befüllen, dass die Kartoffeln knapp bedeckt sind. Die Pfanne abdecken, dabei einen Spalt freilassen, damit Dampf entweichen kann.

3. Die Kartoffel-Mais-Pfanne bei starker Hitze auf dem Herd kochen lassen, bis das Wasser vollständig verdampft ist und Kartoffeln und Mais zu bräunen beginnen. Für weitere 5–10 Minuten braten. Dann salzen, pfeffern und mit dem Schafskäse-Joghurt-Dip servieren.

Lucky Luke hätte vor Freude Tränen in den Augen: Das Essen erinnert an den Westernhelden, Lagerfeuer und das freie wilde Leben. Kein Wunder, dass kleine Jungs und große Männer dabei schwach werden.

Gefüllte
PAPRIKASCHOTEN

FERTIG IN: CA. 1 STUNDE (DAVON CA. 40 MINUTEN BACKZEIT)

Für 4 Portionen

200 g geschroteter
Grünkern

400 ml Gemüsebrühe

4 große rote oder gelbe
Paprikaschoten

1 Zwiebel

1 Knoblauchzehe

300 g Champignons

½ Bund Petersilie

200 g Feta

2 El Olivenöl

Salz

Pfeffer

Außerdem:

1 Auflaufform

Öl für die Form

1. Den Grünkern in einen Topf geben. Mit Gemüsebrühe aufgießen. Bei kleiner Hitze zugedeckt 10–15 Minuten ausquellen lassen. Gelegentlich umrühren.

1. Inzwischen von den Paprikaschoten am Stielende jeweils einen kleinen Deckel abschneiden. Die Trennwände und Kerne im Inneren entfernen und die Schoten innen und außen waschen. Umgedreht abtropfen lassen.

3. Zwiebel und Knoblauchzehe schälen und fein hacken. Die Champignons abreiben, putzen und klein würfeln. Die Petersilie waschen, trocken schütteln und die Blättchen fein hacken. Den Feta fein zerbröckeln.

4. Den Backofen auf 200 °C (Ober-/Unterhitze) vorheizen. Die Auflaufform mit Öl einfetten. In einer Pfanne das Öl erhitzen und Knoblauch und Zwiebeln anschwitzen. Champignons zugeben und bei mittlerer Hitze 5 Minuten offen braten.

5. Grünkern, Pilze, Petersilie und Feta mischen. Mit Salz und Pfeffer würzen. Die Masse in die Paprikaschoten füllen. In die Auflaufform setzen, den Deckel aufsetzen und auf der mittleren Schiene ca. 40 Minuten backen.

Im Vergleich zu einer Version mit 600 g gemischtem Hackfleisch kommen ca. **5,20 €** ins Sparschwein. Außerdem spart ihr ca. **3,22 kg** Emissionen. Das entspricht einer Autofahrt von ca. **22 km**.

Ein Liebling, der wunderbar ohne Fleisch auskommt! Wir tauschen Hackfleisch gegen würzigen Grünkern und könnten die leckere Füllung allein schon so verputzen.

Durch Basilikum, Tomaten, Feta und frischen Zitronensaft ist dieses Rezept eines unserer Lieblings-Sommerrezepte. Schön deftig, dennoch richtig frisch und wunderbar aromatisch. Und Nudeln gehen ja bekanntlich immer.

GRATINIERTE SOMMER-PASTA
mit Artischocken, „Hack" und Feta

FERTIG IN: CA. 40 MINUTEN

Für 4 Portionen

130 g Sojagranulat

400 ml Gemüsebrühe

400 g kurze Pasta,
z. B. Rigatoni

Salz

2 El hitzebeständiges
Olivenöl

Pfeffer

3 Knoblauchzehen

8 Artischockenherzen
aus dem Glas

4 Tomaten

4 El getrocknete
Tomaten in Öl

2 El Kapern

Saft von 1 Zitrone

2 Handvoll frische
Basilikumblätter

1 Schuss fruchtiges
Olivenöl

170 g Feta

Außerdem:
Auflaufform

1. Das Sojagranulat in einem Topf mit der Gemüsebrühe begießen, aufkochen und 10 Minuten quellen lassen. Den Ofen auf 180 °C (Umluft) vorheizen. Die Pasta nach Packungsanweisung kochen. Fertige Pasta abgießen und beiseitestellen.

1. Das Soja-Hack in einer Pfanne mit 1 Esslöffel Olivenöl scharf anbraten. Anschließend salzen und pfeffern.

3. 1 Knoblauchzehe mit Schale in der Mitte längs halbieren und mit den Schnittflächen eine Auflaufform ausreiben. Die beiden anderen Zehen schälen und fein würfeln. Die Artischockenherzen in einem Sieb abtropfen lassen und in Streifen schneiden. Die Tomaten waschen, die Stielansätze herausschneiden und die Früchte grob würfeln. Die getrockneten Tomaten erst trocken tupfen, dann in Streifen schneiden.

4. Fertige Pasta abgießen, etwas abtropfen lassen und dann in die Auflaufform füllen. Das Soja-Hack dazugeben, die Artischocken, die Tomatenwürfel, getrocknete Tomaten, Kapern, Knoblauch, Zitronensaft und Basilikumblätter sowie 1 Schuss Olivenöl. Alles gut vermengen, dann den Feta darüberbröckeln. Die Auflaufform für ca. 6 Minuten in den Ofen stellen bis der Feta leicht geschmolzen und gebräunt ist.

Im Vergleich mit einer Version mit 500 g gemischtem Hackfleisch kommen ca. **5,40 €** ins Sparschwein. Außerdem spart ihr ca. **2,4 kg** Emissionen. Das entspricht einer Autofahrt von ca. **17 km**.

GRIECHISCHER WRAP
mit Paprika

FERTIG IN: CA. 15 MINUTEN

Für 4 Portionen
200 g Schafskäse
1 kleine Salatgurke
1 gelbe Paprikaschote
2 Tomaten
1 rote Zwiebel
3 El grüne Oliven
ohne Stein
4 El Olivenöl
1 El Zitronensaft
Salz
Pfeffer
12 Salatblätter (Kopfsalat
oder Eichblattsalat)
4 Wraps (Weizenfladen,
ca. 25 cm Ø)

Außerdem:
Butterbrotpapier
Küchengarn

1. Den Schafskäse klein würfeln. Die Gurke waschen, halbieren und die Kerne mithilfe eines Löffels herauskratzen. Die Paprikaschote putzen und waschen. Die Tomaten waschen, halbieren und vom Stielansatz befreien. Die Zwiebel schälen. Die Oliven in Ringe schneiden.

1. Gurke, Paprika, Zwiebel und Tomaten in ca. 0,5 cm große Würfel schneiden. Mit Olivenöl und Zitronensaft vermischen, Schafskäse und Oliven unterrühren. Mit Salz und Pfeffer würzen.

3. Die Salatblätter waschen und trocken schütteln. Jeweils 3 Salatblätter auf einen Wrap legen und die Hälfte des Gemüses darauf verteilen. Alle vier Seiten leicht einschlagen und die Wraps aufrollen.

4. In Butterbrotpapier einwickeln und mit Küchengarn fest zuschnüren. Zum Servieren nach Belieben halbieren.

Klein, handlich und perfekt für ein Take away – in den nächsten Park, ins Büro, zum Ausflug oder auf die heimische Couch zur Familienlieblingsserie.

Herzhafte
SPAGHETTI-MUFFINS

FERTIG IN: CA. 45 MINUTEN

Für 12 Stück
200 g Spaghetti
Salz
½ Brokkoli
1 Zwiebel
1 Knoblauchzehe
1 rote Spitzpaprika
100 g Mais aus dem Glas
150 g Gouda
2 El Olivenöl
Pfeffer
100 ml Sahne
4 Eier (Gr. M)
1 Tl Paprikapulver
edelsüß

Außerdem:
1 Muffinblech mit
12 Mulden
Butter für die Form

1. Die Spaghetti in reichlich kochendem Salzwasser gut bissfest kochen und abgießen. Den Brokkoli putzen, waschen und in kleine Röschen teilen. In reichlich Salzwasser ca. 2 Minuten blanchieren, abgießen und abschrecken.

2. Zwiebel und den Knoblauch schälen und fein hacken. Die Spitzpaprika putzen, waschen und klein würfeln. Den Mais in ein Sieb geben, abspülen und abtropfen lassen. Den Käse reiben.

3. Das Öl in einer Pfanne erhitzen, Zwiebel und Knoblauch darin glasig andünsten. Die Paprika und den Mais zufügen und 3–4 Minuten bei kleiner Hitze anbraten. Mit Salz und Pfeffer würzen. Abkühlen lassen.

4. Inzwischen den Backofen auf 180 °C (Ober-/Unterhitze) vorheizen und in einer Schüssel Sahne, Eier und Paprikapulver verquirlen. Den Käse zufügen und mit Salz und Pfeffer würzen. Das Gemüse und die Spaghetti unterrühren.

5. Die Muffinform ausfetten. Die Pasta-Mischung mithilfe einer Gabel aufdrehen und in die Mulden füllen. Im Backofen auf der mittleren Schiene 15–20 Minuten backen.

>> Nudeln gibt es bei uns in allen möglichen Formen und Variationen – wie zum Beispiel diese saftigen Spaghetti-Muffins mit bunter Gemüsefüllung. Auch perfekt für den Kindergeburtstag. <<

Spiralige
GEMÜSE-FRITTATA

FERTIG IN: CA. 1 STUNDE

Für 4 Portionen
1 rote Zwiebel
4 Zucchini
4 Möhren
Salz
Pfeffer
8 Eier
100 ml Sahne
100 g Cheddar
1 Bund Basilikum

Außerdem:
1 kleines Backblech
(ca. 25 x 35 cm)
Öl für das Blech

1. Den Backofen auf 200 °C (Ober-/Unterhitze) vorheizen. Ein Backblech mit Öl bepinseln. Die Zwiebel schälen, halbieren und in schmale Streifen schneiden. Auf dem Blech verteilen und 10 Minuten im Ofen vorgaren. Dann herausnehmen und die Ofentemperatur auf 175 °C reduzieren.

1. Die Zucchini waschen, trocknen, putzen und mit dem Spiralschneider in lange Spaghetti schneiden. Die Möhren waschen, schälen und putzen und ebenfalls mit dem Spiralschneider in lange Nudeln schneiden. Beide Sorten Spaghetti vorsichtig mischen, dann dekorativ auf dem Blech verteilen. Mit Salz und Pfeffer bestäuben.

3. Die Eier mit der Sahne verquirlen. Den Cheddar fein raspeln und unterrühren. Mit Salz und Pfeffer abschmecken. Das Basilikum waschen, trocken schütteln und die Blättchen abzupfen. Die Hälfte der Blättchen auf dem Blech verteilen. Die Eier-Sahne-Mischung darübergießen. Auf der unteren Schiene ca. 25 Minuten backen. Mit dem restlichen Basilikum bestreut servieren.

! TIPP
Wer keinen Spiralschneider hat, nimmt alternativ den Sparschäler.

>> Gut gedreht ist halb gewonnen – denn was so hübsch aussieht, kann nur gut ankommen. Ach, ja: Es schmeckt auch richtig gut. Kann ja nicht schaden. Uns ist jedenfalls immer öfter ganz spiralig zumute – die Anschaffung dieses kleinen, handlichen Küchengeräts namens Spiralschneider hat sich bei uns jedenfalls absolut gelohnt. <<

Vegetarische
FRÜHLINGSROLLEN

FERTIG IN: CA. 50 MINUTEN

Für 4 Portionen
50 g Glasnudeln
1 Knoblauchzehe
1 Stück Ingwer (3 cm)
½ Chilischote
2 Möhren
1 rote Paprikaschote
3–4 Weißkohlblätter
50 g Mungobohnen-
sprossen
1 El Sesamöl
1 El Sojasauce
Salz
50 g Erdnüsse
4 Stiele Koriander
16 Blatt rundes Reispa-
pier (22 cm Ø, aus dem
Asialaden)

Außerdem:
Pflanzenöl
zum Frittieren
süßsaure Chili-Sauce
und/oder Sojasauce
zum Servieren

1. Die Glasnudeln mit heißem Wasser bedeckt 15 Minuten quellen lassen. Knoblauchzehe und Ingwer schälen, Chilischote putzen, waschen und alles fein hacken. Die Möhren schälen und in feine Stifte schneiden. Die Paprika putzen, waschen und in feine Streifen schneiden. Die Kohlblätter waschen, den Strunk entfernen und die Blätter in Streifen schneiden. Die Mungobohnensprossen abspülen und abtropfen lassen.

1. In einem Wok oder einer Pfanne das Sesamöl erhitzen und Knoblauch, Ingwer und Chilischote darin anschwitzen. Möhre, Paprika, Kohl und Sprossen zufügen und scharf anbraten. Mit Sojasauce und Salz abschmecken. In eine Schüssel geben.

3. Die Erdnüsse fein hacken. Den Koriander waschen, trocken schütteln und die Blätter abzupfen. Die Glasnudeln abgießen und abtropfen lassen, nach Belieben mit einer Schere kürzen. Alles zur Gemüsemischung geben und gut vermischen.

4. In einen tiefen Teller Wasser füllen und ein feuchtes Geschirrtuch auf der Arbeitsfläche ausbreiten. Ein Blatt Reispapier in das Wasser tunken und auf das Geschirrtuch legen. In die Mitte des Blattes horizontal je ca. 1 gehäuften Esslöffel Füllung verteilen. Den unteren Rand nach oben und die Seiten nach innen klappen. Fest über die Füllung schlagen und eng aufrollen.

5. Das Frittieröl in einem Topf oder Wok stark erhitzen. Zur Probe einen hölzernen Kochlöffel hineinhalten. Wenn sich rundherum Bläschen bilden, ist das Fett heiß genug. Die Frühlingsrollen darin portionsweise 4–5 Minuten goldbraun frittieren. Mit einem Schaumlöffel herausholen und auf einem Küchenpapier abtropfen lassen. Dann mit der süßsauren Chili-Sauce und/oder Sojasauce servieren.

Im Vergleich zu einer Version mit 150 g gemischtem Hackfleisch kommen ca. **2 €** ins Sparschwein. Außerdem spart ihr ca. **0,84 kg** Emissionen. Das entspricht einer Autofahrt von ca. **6 km**.

MAC'N'CHEESE

FERTIG IN: CA. 15 MINUTEN

Für 4 Portionen
300 g kurze Makkaroni
(ersatzweise andere
kurze Nudeln)
Salz
200 g Cheddar
oder Gouda
100 ml Milch
100 ml Sahne
frisch geriebene
Muskatnuss
Pfeffer
Cayennepfeffer

Außerdem:
Schnittlauchröllchen
zum Servieren

1. Die Nudeln in reichlich Salzwasser nach Packungsanleitung bissfest kochen. Abgießen und abtropfen lassen.

2. Inzwischen den Käse reiben. Milch und Sahne in einem Topf geben, aufkochen und 3–4 Minuten köcheln lassen. Den Käse zufügen und unter Rühren schmelzen lassen. Die Nudeln unterrühren und mit Muskatnuss, Salz, Pfeffer und Cayennepfeffer abschmecken.

3. Nach Belieben mit Schnittlauchröllchen servieren.

» Meine Käse-Makkaroni sind cremig, gehaltvoll und schmecken der ganzen Familie – und das ganz ohne Mehlschwitze! Für mich ein schnelles und gelingsicheres Rezept, wenn ich wenig Zeit fürs Kochen habe oder der Kühlschrank ziemlich leer ist. «

Vegetarische Pizza?
Mit allerlei bunter Antipasti
sowie cremigem Mozzarella
belegt und mit frischem Basilikum serviert — so schmeckt
die Gemüsepizza jedem!

PIZZA VERDURE

FERTIG IN: CA. 3 STUNDEN (DAVON CA. 2 STUNDEN ZEIT ZUM GEHEN)

Für 4 Portionen

Für den Teig:
10 g frische Hefe
500 g Weizenmehl
(Type 00, alternativ 550)
2 Tl Salz

Für den Belag:
125 g passierte Tomaten
1 Tl getrockneter
Oregano
Salz
Pfeffer
2 Kugeln Mozzarella
½ Bund Basilikum
1 rote Zwiebel
1 Zucchini
1 kleine Dose Mais
(Abtropfgewicht 140 g)
1 gelbe Paprikaschote
1 Handvoll
Champignons
50 g schwarze Oliven
(ohne Stein)

Außerdem:
Mehl für die
Arbeitsfläche

1. Für den Teig die Hefe zerbröckeln und mit 250 ml lauwarmem Wasser verrühren. Das Mehl mit dem Salz in einer Schüssel mischen und in die Mitte eine Mulde drücken. Das Hefewasser in die Mulde gießen und mit etwas Mehl vom Rand zu einem Vorteig verrühren. Zugedeckt an einem warmen Ort etwa 15 Minuten gehen lassen. Anschließend alles mit den Knethaken des Handrührgeräts etwa 5 Minuten zu einem glatten, elastischen Teig verkneten. Zugedeckt an einem warmen Ort noch etwa 1 Stunde gehen lassen, bis sich das Volumen verdoppelt hat.

1. Inzwischen für den Belag die Tomaten mit Oregano, Salz und Pfeffer würzen. Den Mozzarella in Stücke zupfen. Basilikum waschen, trocken schütteln und in Stücke zupfen. Die Zwiebel schälen und in Ringe schneiden. Die Zucchini waschen, putzen und in dünne Scheiben schneiden. Den Mais in ein Sieb geben und abtropfen lassen. Die Paprika putzen, waschen und in Streifen schneiden. Die Pilze putzen und in Scheiben schneiden.

3. Den Hefeteig auf einer bemehlten Arbeitsfläche nochmals durchkneten und vierteln, dann zu vier Kugeln formen. Auf ein Backblech setzen und mit einem feuchten Küchentuch abgedeckt nochmals 30–45 Minuten gehen lassen.

4. Den Backofen (und ggf. Pizzastein) auf 250 °C (Ober-/Unterhitze) vorheizen. Ein Backblech mit Backpapier auslegen. Die Teigkugeln auf einer bemehlten Arbeitsfläche mit den Händen jeweils zu einem flachen dünnen Fladen formen. Mit einem Nudelholz zu einer dünnen runden Pizza ausrollen und auf das Backpapier legen. Dünn mit Tomatensauce bestreichen, dabei einen fingerbreiten Rand frei lassen. Mit dem Gemüse belegen und Mozzarella darauf verteilen. Auf der unteren Schiene ca. 15 Minuten backen, bis der Rand goldbraun geworden ist. Mit Basilikum bestreut servieren. Die restlichen Pizzas nacheinander fertig backen.

NUDELAUFLAUF
mit Aubergine und Oliven

FERTIG IN: CA. 30 MINUTEN

Für 4 Portionen
1 Zwiebel
1 Knoblauchzehe
½ rote Chilischote
1 Aubergine
3 El Olivenöl
400 ml passierte Tomaten
60 g schwarze Oliven
ohne Stein
1 Tl getrockneter Oregano
Salz
Pfeffer
400 g kurze Nudeln
(z. B. Penne oder Fusili)
2 Kugeln Mozzarella (Ab-
tropfgewicht je ca. 100 g)
½ Bund Basilikum

Außerdem:
Auflaufform

1. Die Zwiebel und den Knoblauch schälen. Die Chilischote putzen und waschen. Alles klein hacken. Die Aubergine waschen, putzen und klein würfeln.

2. Das Öl in einer Pfanne erhitzen und Zwiebel und Knoblauch darin anschwitzen. Chili und Aubergine zugeben und 3–5 Minuten anbraten. Die passierten Tomaten und Oliven zufügen. Mit Oregano, Salz und Pfeffer würzen. Die Sauce 10 Minuten köcheln lassen.

3. Inzwischen die Nudeln nach Packungsanleitung in reichlich Salzwasser bissfest kochen. Abgießen und abtropfen lassen.

4. Den Backofen auf Grillfunktion stellen. Den Mozzarella abtropfen lassen und klein schneiden. Die Nudeln zur Sauce geben und gut durchmischen. In eine Auflaufform füllen. Den Mozzarella darüber verteilen und im Backofen auf der mittleren Schiene 10 Minuten gratinieren.

5. Das Basilikum waschen, trocken schütteln, die Blätter abzupfen und klein hacken. Den Auflauf mit Basilikum bestreut servieren.

> Nudeln und Tomatensauce sind eh schon eine super Kombination – und als Auflauf mit gerösteten Auberginen, würzigen Oliven und einer ordentlichen Portion Mozzarella einfach unschlagbar.

WRAPS
mit Hummus und scharfem Tofu

FERTIG IN: CA. 25 MINUTEN

Für 4 Portionen

Für den Tofu:

400 g Tofu
1 Knoblauchzehe
2 Tl geräuchertes
Paprikapulver
½–1 Tl Cayennepfeffer
Saft von ½ Zitrone
5 El Olivenöl
Salz
Pfeffer

Für den Hummus:

1 Dose Kichererbsen
(Abtropfgewicht 240 g)
1 El Tahin (Sesampaste)
3 El Olivenöl
Saft von ½ Zitrone
Salz
Pfeffer

Außerdem:

1 rote und 1 gelbe
Paprikaschote
100 g Rucola
4 Weizentortillas

1. Den Tofu mit einem Küchenpapier trocknen und in 1 cm dicke Streifen schneiden. Die Knoblauchzehe schälen und fein hacken. Beides mit den restlichen Zutaten in einer Schüssel mischen.

1. Für den Hummus die Kichererbsen in ein Sieb abgießen, gründlich abspülen und abtropfen lassen. In einer Küchenmaschine oder im Standmixer mit 50 ml Wasser und den restlichen Zutaten cremig pürieren.

3. Die Paprikaschoten putzen, waschen und in dünne Streifen schneiden. Den Rucola verlesen, waschen und trocken schütteln.

4. In einer beschichteten Pfanne die Tofustreifen bei mittlerer Hitze 3 Minuten je Seite kross anbraten. Die Tortillas mit Hummus bestreichen, mit Paprika, Rucola und Tofustreifen belegen. Jeweils zu einem Wrap aufrollen und zum Servieren halbieren.

>> Unser herzhafter Snack-Klassiker: ein Wrap. Einfach perfekt für unterwegs, das Picknick oder die Grillparty. Probiert doch mal diese vegetarische Variante mit cremigem Hummus und knusprig-würzigem Tofu. «

REZEPTVERZEICHNIS

A

Arancini mit Tomatensauce 55

B

Blätterteig-Pizza, blitzschnelle 18

Bohnen-Kartoffel-Eintopf, würziger 30

Bohnen-Pflanzerl mit gratinierten
Polentaecken 95

Bohnenburger Black Beauty 74

Bratkartoffeln mit Spinat und knusprigem Ei,
würzige 52

Bulgur-Linsen-Köfte mit scharfem Minz-Dip 79

Burritos mit Bohnenmus, Reis und
Tomaten-Avocado-Salsa 86

C

Cannelloni mit Mozzarella und Tomaten 33

Cheeseburger mit Hafer-Pattys 116

Crespelle mit Gemüsefüllung 44

F

Falafel mit Joghurt-Gurken-Dip 22

Frittata mit Pilzen und Paprika 51

Frühlingsrollen, vegetarische 132

G

Gemüse-Frittata, spiralige 130

Gemüseküchlein mit Rosmarin 58

Gemüsestrudel mit Meerrettich, deftiger 38

Gnocchi mit Käsesauce, selbst gemachte 27

Grünkern-Cevapcici mit Tomatenreis 73

K

Kärntner Kasnudeln 56

Kartoffel-Apfel-Gratin 47

Kartoffel-Kokos-Curry 48

Kartoffel-Mais-Pfanne mit Schafskäsedip 121

Kartoffelgulasch Szegediner Art 90

Kartoffelknödel mit Walnussschmelze
auf Rahmmangold, gefüllte 34

Käsespätzle mit Röstzwiebeln und Blattsalat 15

Kohlrouladen in scharfer Tomatensauce 62

Königsberger-Klopse auf vegetarisch 70

Kürbis-Lasagne mit Cheddar 21

L

Linsen-Walnuss-Braten mit Kartoffelbrei 92

M

Mac'n'Cheese 135

Moussaka mit Auberginen und Kartoffeln 88

Muschelnudeln mit Ricotta und Spinat,
gratinierte 16

N

Nacho-Bowl mit BBQ-Bohnen   118

Nasi Goreng – Gemüse-Reispfanne   64

Nudelauflauf mit Aubergine und Oliven   138

P

Paprikaschoten, gefüllte   122

Pilz-Gyros mit Zaziki im Pitabrot   96

Pilzgeschnetzeltes mit Berner Rösti,
    Züricher   102

Pizza Verdure   137

Pulled-Jackfruit-Burger   82

Q

Quesadillas mit Guacamole   115

R

Risi e bisi – Reis mit Erbsen   42

S

Saté-Spieße mit Erdnuss-Sauce   80

Schupfnudeln mit Sauerkraut   28

Seitan-Gulasch-Surprise   101

Sellerieschnitzel mit Kartoffel-Gurken-Salat   68

Semmelknödel mit Rahmschwammerl   12

Shakshuka mit ganz viel Paprika   41

Soja-Hackbällchen mit Kartoffelwedges   106

Sommer-Pasta mit Artischocken, „Hack"
    und Feta, gratinierte   125

Spaghetti-Muffins, herzhafte   129

Spinat-Maultaschen mit geschmolzenen
    Zwiebeln   76

Strammer Max Veggie-Style   99

Süßkartoffel-Linsen-Dal mit Raita
    und Naan-Brot   36

T

Tofu-Nuggets mit selbst gemachten
    Pommes   108

V

Veggie-Currywurst mit Süßkartoffel-
    Pommes   67

W

Wrap mit Paprika, griechischer   126

Wraps mit Hummus und scharfem Tofu   141

Würstchen im Schlafrock mit BBQ-Sauce   111

Z

Zucchini mit Quinoa, gefüllte   85

Zucchini-Kartoffel-Puffer
    mit Schnittlauchquark   112

Zwiebelkuchen   24

Zur Autorin:

Christina Wiedemann ist Diplom-Ökotrophologin und veröffentlichte bereits mehrere erfolgreiche Kochbücher. Als Mutter einer 9-jährigen Tochter ist es ihr wichtig, auch in einem stressigen Alltag gesund und ausgewogen zu essen. Sie setzt auf frische, natürliche Produkte und eine saisonale Küche – hinzu kommen immer eine große Portion Spaß und Genuss. Ihre Liebe zum Thema bringt sie auch auf ihrem Blog **www.mehrlebensqualitaet.com** zum Ausdruck.

HINWEISE ZUM BUCH

Lebensmittel:

- Ist die Lebensmittelgröße in der Zutatenliste nicht angegeben, sind bei Obst und Gemüse immer mittelgroße Exemplare gemeint und bei Eiern Gr. M.
- Unter der Bezeichnung „Mehl" in der Zutatenliste ist Weizenmehl Type 450 oder 505 gemeint.
  Unter der Bezeichnung „Pfeffer" wird frisch gemahlener schwarzer Pfeffer aus der Mühle verstanden.
- Ist der Fettgehalt bei Milch und Milchprodukten nicht angegeben, so ist die Vollfett-Variante gemeint, bei Milch also zum Beispiel 3,5 %.
- Bei der Verwendung von scharfen Zutaten wie zum Beispiel Chilischoten kommt es auf die persönliche Vorliebe und auf das Alter der Kinder an, die an der Mahlzeit teilnehmen. Die Menge kann problemlos den persönlichen Bedürfnissen angepasst werden.

Abkürzungen und Symbole:

cm = Zentimeter	ml = Milliliter
CO_2 = Kohlendioxid (auch: Kohlenstoffdioxid)	PKW = Personenkraftwagen
El = Esslöffel	Pk. = Packung
FP = Fertigprodukt	Tl = Teelöffel
g = Gramm	TK = Tiefkühlprodukt
kg = Kilogramm	°C = Grad Celsius
km = Kilometer	Ø = Durchmesser
l = Liter	€ = Euro

Bildnachweis:

Fotografie: Maria Brinkop: S. 2, 4 (o. u. li.), 8, 10, 13, 14, 17, 20, 23, 25, 26, 29, 31, 32, 37, 39, 43, 45, 46, 49, 50, 53, 54, 57, 59, 60, 63, 65, 66, 69, 71, 72, 77, 78, 81, 83, 84, 87, 89, 93, 94, 97, 98, 103, 104, 107, 109, 110, 114, 117, 119, 123, 124, 127, 128, 133, 134, 136, 139, 140; Kay Johannsen: S. 35, 113; TLC Fotostudio: S. 4 (u. re.), 18, 40, 75, 91, 100, 120, 131; Christina Wiedemann: S. 6 (Familie); Stock.adobe.com: VS/NS Gemüse-Stilleben (©sonyakamoz); S. 6 Mädchen (©vaaseenaa)

Illustrationen: Stock.adobe.com: Sparschwein (©natali_mya); alle Sprechblasen (©LingJo)

Textnachweis:

Rezepte: Christina Wiedemann: S. 12, 15, 16, 21, 22, 24, 27, 28, 30, 33, 36, 38, 42, 44, 47, 48, 51, 52, 55, 56, 58, 62, 64, 67, 68, 70, 73, 76, 79, 80, 82, 85, 86, 88, 92, 95, 96, 99, 102, 106, 108, 111, 115, 116, 118, 122, 126, 129, 132, 135, 137, 138, 141; Annette und Marco Bruhin: S. 74, 101; Nina Engels: S. 18, 41, 130; Marie Gründel: S. 121; Guido Gravelius: S. 34, 112; alle anderen: Verlagsarchiv

alle übrigen Texte: Christina Wiedemann